白手起家

『煲仔皇』从0到200的创业宝典

薛国巍——著

中国大百科全书出版社

图书在版编目（CIP）数据

白手起家 / 薛国巍著 . -- 北京：中国大百科全书出版社，2025. -- ISBN 978-7-5202-1934-1

Ⅰ. F241.4

中国国家版本馆 CIP 数据核字第 20253FG871 号

封面书法　刘中悦
项目总监　刘　嘉
责任编辑　冯　蕙　胡春玲
责任校对　辛　宁
责任印制　李宝丰
封面设计　今亮后声
出版发行　中国大百科全书出版社
地　　址　北京市阜成门北大街 17 号
邮政编码　100037
网　　址　http://www.ecph.com.cn
印　　刷　北京君升印刷有限公司
开　　本　880 毫米 ×1230 毫米　1/32
印　　张　10.375
字　　数　230 千字
印　　次　2025 年 6 月第 1 版
　　　　　2025 年 6 月第 1 次印刷
书　　号　ISBN 978-7-5202-1934-1
定　　价　59.80 元

本书如有印装质量问题，可与出版社联系调换

电话：010-88390677

目录

第一章 不内耗，做“自燃型”的人

第二章 心智通，解锁更多成功

第三章 脑袋富，口袋才能更富

第四章 视界决定世界

第五章 与高手为朋，择贤者为师

推荐序

以自己为圆心画出自己的世界之圆

我和薛国巍是好友，给好友的作品写序，还是推荐序，这是第一遭。梁启超说，欲知某人之思想，只须知其生平。而所谓生平，不过是其人性格之外显。性格决定命运，命运即思想的盖棺定论。

薛国巍喜欢目前流行的扑克牌游戏——掼蛋。众所周知，掼蛋最难的不是记牌，而是运气。所谓运气，来自两方面：其一，牌要好，至少拿到手的牌不要太像屎；其二，重中之重，不要遇上猪队友。薛国巍有其一无其二，他的牌运常常如日中天。

餐饮行业最考验人，也最不考验人。不考验人的是，这玩意谁都能做，无非是几双筷子、几个碗的事。最考验人的是，要做得持久，做得门庭若市就难了。能把餐饮做好的人，绝对十万里挑一。

薛国巍便是十万里中的一个，是自有人类以来无数白手起家的人中的一个。我们说，人皆有双手，有人用左手，有人用右手。无论左手或右手，手中都要用工具，这工具便是思想。

《白手起家》这本书，既是薛国巍的生平，也是薛国巍的工具。

从掼蛋游戏上，可以看出薛国巍的性格——他老谋深算，但什么都算不到；他长时间冥想，不动如山，但一出牌，如同中邪般出错；他旁若无人，眼中非但没有对手，更没有队友。

以上三点，便是一个人白手起家的绝招：自我。沉浸在自我之中而绝不拔出。人只有义无反顾地坚信自己，并以自己为圆心画出自己的世界之圆，才能在这个圆中随心所欲，要风得风，要雨得雨。

薛国巍的《白手起家》，便是一本奇书，告诉企业家如何两手空空地起家，如何找到自己的圆心，画出自己的世界之圆！

自序

一个创业者的故事

我是薛国巍，大家都叫我煲哥。

我是个创业者，一直有个理想——打造受人尊敬的、世界级的中国餐饮品牌。如果打个比方，就是想做中国的“麦当劳”。

创业以来，经常有人问我：“那你做成什么样了？”

在2012年的时候，我的回答是：“我在做煲仔饭，现在有一家餐厅。”

在这之前，我最早的创业是开了家减肥中心，赚了点钱之后追加投入，结果赔光了。2000年，我以加盟“老家肉饼”的方式进入到餐饮行业，陆续开了7家店。加盟合同期限到了，我翻牌创办了“一品三笑”这个餐饮品牌。如果你对“一品三笑”没概念，那应该怪我，因为这个品牌从名字上就没给顾客很直观的认知，其实它主打的是卤肉饭。后来，我把“一品三笑”开到40多家店，看上去比以前更成功了，但遇到了天花板，没法突破。

2012 年我重起炉灶，打造出“煲仔皇”这个中式米饭快餐品牌；到 2024 年底，已经开了 200 多家店，品牌估值超过 10 亿元；我还计划把业务拓展到海外；更重要的是，希望做到基业长青，实现永续经营。

餐饮可能是很多人想尝试的创业赛道，因为觉得门槛不高，会烧饭做菜或当过厨师、服务员、店长的人能很快开出自己的餐厅；但餐饮也是创业失败率最高的行业，开店快，关店也快，即使存活着也很容易遇到天花板，品质、流程、规模、人才、资金等都是难啃的骨头。不少人开餐厅的初心是为了养家糊口，赚点钱过日子，但要再上大台阶，认知和心力得跟上，很考验人。

我的创业历程跟别人没有本质区别，充满艰难险阻，不断升级打怪。我从 2000 年开始做餐饮，到现在已经是 20 多年经验的餐饮老兵了，餐饮行业的坑，我几乎都遇到过，能坚持到现在也算是不容易，可谓“关关难过关关过”，而且，越到后来，拿到的结果也越好。

有一天，我和好朋友彭嘉荣（Benny）在喝茶的时候聊起了创业历程：从 2020 到 2022 年的新冠疫情期间，很多餐饮企业都做不下去，煲仔皇却逆势而上，净增 80 多家门店，门店总数奔着 200 家去，接连完成几轮融资，累计融资金额近 1 亿元，估值超过了 10 亿元。他很好奇，这背后有没有一些共性的方法论，不仅仅是放在餐饮行业行得通，还可以帮助其他行业的创业者，有更多的机会可以靠近成功。

我相信，“成功的故事很难复制，成功的思维可以借鉴”，自己也身体力行贯彻这个理念。在复盘自己的经历之后，我发现有一些认知、逻辑、选择和做法是可以给大家参考借鉴并提供价值的，于是，在彭嘉荣的鼎力帮助之下，花了整整三年时间，把这些整理出来，形成了现在这本书，真的特别感谢他。

纵向来看，由于我的很多实践都基于餐饮行业，所以这本书对那些刚踏入餐饮行业的朋友们能够提供比较直接的帮助。我不能保证你读完能在餐饮行业赚大钱，但融会贯通之后，至少不会犯一些根本性的错误，避免血本无归。站在发展升级的角度来说，要建立一个大规模的餐饮连锁品牌，至少需要跨过三道坎：有竞争力的单店模型、安全稳定的供应链、强有力的组织，这些都是餐饮创业者一路向上走要知道和做到的。在创业失败率极高的餐饮行业保持不翻船，稳步前行，赚到一定的钱，还是非常有成就感的事情。

横向来看，这本书对于非餐饮行业的创业者也会有一定帮助。我的复盘和案例虽从餐饮而起，但不止于餐饮，我会提炼背后的理念和方法论给到各行各业的创业者。就像之前提及的餐饮连锁品牌三道坎，其他行业的创业者也需要做好三件类似的事情：打磨具差异化且能在市场上撕开口子的产品或服务，建立一套可规模化复制的发展模式，塑造一支有战斗力、有共同价值观的团队。

虽然创业者所在的行业各异，但走过的路径非常相似。我创业至今拿到了一些成果，源于我有正确且努力的行动；我的行动来自我对资金、技术、人才、时间等各个重要方面的深度思考和决策选择，其背后还反映了我的各种取舍；每一个决策和取舍都得有正确和清晰的价值观来判断，还要有强大的心理能量来支撑；最终都会关联到我的理想和理念，也决定了我的创业和人生最终能走到什么境界。

《活出生命的意义》的作者维克多·弗兰克尔（Viktor Frankl）是一位出生于奥地利的心理学家，曾经经历过第二次世界大战，进过纳粹集中营，他的父母、兄弟、妻子都死在了集中营里，幸存下来的他不仅把集中营里的观察和体会写成了书，还创立了意义疗法及存在主义分析疗法，为心理学做出了巨大的贡献。

我在《活出生命的意义》书中所领悟到最有价值的观点是：人所拥有的很多东西都可以被剥夺，唯独人最后的自由——也就是在任何境遇中选择自己的处事态度和处理方式的自由——是不能被剥夺的。

每个人在一生中都会遇到痛苦，痛苦本身并不是财富，而我们对痛苦的思考和之后的选择才是财富。孟子有云："行有不得者，皆反求诸己。"我们再痛苦可能也无法改变别人，但我们可以通过选择改变自己，从而影响别人。

无独有偶，英国威斯敏斯特大教堂内那篇著名的碑文是这么说的："当我年轻的时候，我梦想改变这个世界；……当我一无所成、行将就木的时候，我才赫然发现，如果当初我选择改变我自己，或许会因为我的改变，而改变我的家人；改变我的家人，或许会改变我所在的城市、我的国家，由此或许会改变世界。"

不管外界怎样，我们内心的选择权无人可剥夺；不管别人怎样，只要我们愿意，都可以改变自己。

美国作家、神话研究学家约瑟夫·坎贝尔（Joseph Campbell）认为，每个人终其一生都在走自己的英雄之旅。他发现全世界不同民族、不同国家的神话叙事模式都很类似：主人公原本平平无奇，生活波澜不惊，后来遇到困扰，进入未知领域，面对冲突和逆境，不断升级自己和寻找突破，最终克服困难或战胜敌人，得以凯旋，留下感悟和记录。

他的发现和研究引起了社会热议，也被人们深入运用到了生活和工作中。不仅仅是诸多神话采用这样的叙事模式，很多好莱坞的电影佳作皆是如此。我觉得，不同行业的创业者都是在走这样的英雄之旅。虽说隔行如隔山，但创业的本质是玩一个商业游戏，各行各业的人在精神世界里探索自我、树立理想，在客观世界里升级自己、战胜困难、创造价值、获得回报，就如同在神话里打败怪兽一样。

打怪应该怎么打？很多人对创业有迅速取得结果的期待，对致富有干一票就能上岸的想法。其实，这样的心态并不正确，往往也跟现实相差甚远。先有理想，再选择，然后行动，这是本书第一章的主题。我认为这是最关键的成败逻辑，也是最重要的创业设定。

事业和人生都不是一战定江山的，而是无数个决策所导致的大集合。我们一开始懵懂无知，然后经历无数决策和选择，活到了今天的状态。你希望自己活成什么样，希望创业做成什么样，首先要重视你每一次或大或小的选择；而你每一次选择的核心依据和基本边界，就是一个在遭遇艰难困苦时你依然能咬牙坚持的理想，以及一个符合你内心准则乃至社会系统的理念。

爱因斯坦曾说过，一个重大问题的解决方法无法在问题自身的层次上被求得。换而言之，想要解决问题，必须站到问题之上的更高一层，而不是陷入问题的本身。当我们的认知升级后，在我们的能力提升后，很多问题自然而然就不见了。

我认为，解决人生各种重要问题的最高维度和最好方法，就是在精神世界确立我们的理想和信念。站在今天看过往，如果问对我在事业上最重要的、最有意义的精神支撑是什么？我觉得就是我的创业理想——打造受人尊敬的、世界级的中国餐饮品牌。

我对这点是深有体会的。2011 年，我离开了“一品三笑”，身心俱疲，甚至开始怀疑自己。加盟一个品牌和创立一个品牌的事情，我都做过了，但没有获得真正意义上的成功。我还能创业吗？我到底行不行？那年，我 35 岁，马上就要进入人生下半场，我陷入了深深的迷茫。

我觉得自己虽然在思考创业的难题，但实际上是在思考自己人生的价值和意义。我在想，当我临死的时候回顾自己这一生，会有什么人生遗憾？如果不想死前有遗憾，那现在是不是得去尝试，做那些不会让我有遗憾和后悔的事情？那些事情是什么？……我不断地拷问自己，也不断地自问自答。

打造受人尊敬的餐饮品牌！这个回答蹦了出来，而且充满情绪动力。不管最终能不能做到，我觉得只要尝试去做就此生无憾。伟大的理想有了，理念得能承接，餐饮业态最常见的是连锁快餐，于是，我瞄准了快餐这个赛道。

光有赛道，没有品类是不行的，中国快餐的主食无非是粥粉面饭，米饭无疑是其中最有代表性的，也最能承载中国文化，所以，我选米饭。米饭品类有很多，炒饭、拌饭、蒸饭、盖浇饭、煲仔饭……在当时，几乎没什么人选煲仔饭来做连锁快餐，但正因为如此，我这样的草根创业者才能避开大公司、成名品牌的激烈竞争，有机会突袭成功。

既然做世界级的品牌，那公司大概率要上市，上市就得找资本融资，要融资就必须能让资本认可，就好像自己不是梧桐树的话，凤凰飞过来也不会落下。资本认可的模式是什么？护城河高，规模复制，增长迅猛……

在创业的过程中，在发掘依据和探索边界的时候，在做出一次次选择之后，我的商业理念就逐步浮现和梳理出来了，这些理念实际上也服务于我的理想。我在现实世界中的所言、所行、所得都是受精神世界所影响，只有厘清和升级我的精神世界，确立理想和理念，才能在现实世界中一路打怪升级，取得成功。

现在复盘起来，好像上述逻辑都很清晰，但在当时是花了很多时间才想明白的。想明白的好处，不是我可以马上得到这些东西，也不是可以迅速实现这些目标，而是让我知道了，如果不舍弃某些东西，就很难有机会去获得另一些。于是，在第一章之后，我所讲的各种选择都是有舍才有得的，其背后有我的深度思考和选择原则。

比如在第二章，商业方面，我有个选择原则是“不苟同于世俗，但合乎于自然”。餐饮赛道很广，我选了煲仔饭——一个看上去已经很特别的品类，在很多购物商场里都没有，于是我进驻开店相对容易。最初几年，我犯了一个“苟同于世俗”的错误，就是为了做快餐而做快餐，一味追求出餐快而把传统煲仔饭做成了砂锅盖浇饭，丢失了诱人的锅气，也没有香脆的锅巴，顾客评价一直不温不火。

在快餐效率和传统技艺口味之间，怎么能找到最好的结合点和平衡点？我顶着公司内部众多反对声音的压力，选了一家门店做测试，用 15 分钟的出餐速度做出了 1 粒米厚度的锅巴。煲仔饭的灵魂与魅力就出来了，顾客的印象变深刻了，而且，营收业绩还不错。从“一分钟出餐的煲仔饭”到“煲煲现做有锅巴”，从 1 分钟变成 15 分钟，我折腾了 8 年。

比如，在第三章，金钱方面，我有个选择原则是“毛巾浸满水再拧”，其实背后是规模和盈利如何取舍、怎么平衡的问题。实际上，“煲仔皇”在最开始的 8 年里都是亏钱的，到第 9 年——也就是 2020 年——才实现盈利。我当时有一个赔钱底线：只要没亏够 1000 万元，我就继续做下去。为什么是 1000 万元？我有一套房子，价值大概 1000 万元。我把它看做创业本钱，本钱亏完了，就把房子卖掉填坑，然后，就不玩了。

为什么一路亏钱还不着急盈利？不是我不在乎钱，我也不想亏掉我的房子，我的内心也着急，但我知道“毛巾浸满水再去拧”的道理。对于一家在早期阶段的餐饮企业，规模和盈利如果只能二选一，我会选规模，规模上去了之后，盈利是迟早的事情，而且还会很可观。

比如，在第四章，成长方面，我有个选择原则是“无用之用方为大用”，这一原则来自老子的《道德经》，它对我的学习有很重要的指导意义。虽然我是餐饮创业者，但我的学习内容很杂，不仅钻研餐饮知识和技艺，还“不务正业”地学习很多文学、历史、哲学、天文、地理、生物的知识。

我认为，学习最重要的是学习本质的、通用的东西。“煲仔皇”第一家店就来自于我对创业协议的独特理解。商业社会的运转、人与人之间的合作都离不开协议。优秀的创业者有能力创新商业模式，通过有效协议链接各个合作方和各类资源，从而形成良好创业生态。通过创业协议，我把想投资的人、想做事的人链接起来，把低风险保底和高风险创收也链接起来，很快就把“煲仔皇”从 1 家店发展到 7 家店。

比如，在第五章，环境方面，我有个选择原则是“对外顺人性，对己逆人性；先利他，再利己”。人在出生后，从有自我意识的那一刻开始，就有了佛家所说的“分别心”，也就有了所谓的善恶。于是，人总是先考虑利己，然后才会想到利他，或者说，利他其实也往往是为了利己，但如果一直利己而不利他，也很快会被别人唾弃，失去合作机会。

在了解和认可这些辩证博弈的基本逻辑之后，我在制定企业规章制度、业绩考核奖惩，在投资人、合伙人、供应商、员工的各种关系处理上，秉持着“己所不欲勿施于人，已有所求先利于人”的理念，营造引人向善的环境。经过各种事情的实践和磨砺，企业的向心力和战斗力不断加强。相比在新冠疫情期间倒下的几十万家餐饮企业，煲仔皇逆流而上，估值从 1.5 亿元飙涨到 10 亿元，很重要的原因是内部环境营造得不错。

众所周知，餐饮业是一个勤业，不努力、不勤快的人肯定是做不好的，但我看到有很多努力勤快的人也未必做得好餐饮。对白手起家的创业者来说，努力是我们不能丢掉的底色，但底色不能决定天花板，正所谓“选择不对，努力白费”，事业能做多大，团队能走多远，很多时候要看我们如何选择，尤其要看敢舍弃什么，去争取什么，能留下什么。

在疫情前，八年磨一剑，我磨好一个单店模型，其实，其核心是做好一个决策和选择：到底是为了做快餐而做“快的餐”，还是为了成就一家世界级的中国餐饮企业而做快餐？如果只在技术层面、难易程度、赚钱角度做考虑，选前者做“唯快不破”的模式是我相对拿手的，但我的理想让我选了后者，也就是做了出餐最慢的快餐。

在疫情的三年里，在困难的环境下，门店数量逆势发展，供应链管理和组织力建设慢慢做出来了，连锁模式跑通了，利润也起来了。这些成绩与强大的向心力是分不开的，因为有理想在背后支撑，给予了养分，我和团队都变得越来越强大。看似选了一条更难的路，但因为选对了，也努力去做了，于是取得了更好的结果。

世界变化越来越快，竞争越来越激烈，当遇到挫折，努力的人可能比别人更郁闷，会想：“我都这么努力了，怎么还是这样？”于是开始怀疑自己的努力到底有没有意义和价值，是不是还要坚持下去。很多人过得很焦虑，更别说承担很多风险的创业者，每天都战战兢兢，如履薄冰，时刻面对资金压力、激烈竞争、发展瓶颈。

阅读这本书未必能帮助你消除焦虑、减轻痛苦，但我想跟大家分享并帮助大家的是：在创业过程中，一边如何梳理精神世界，建立理想，完善理念；一边如何取舍选择，做好决策，专注做事；最终把两者整合起来如何领导和影响团队，如何与他人取得信任和合作，如何以更好的心态和情绪去获得更好的成功。

总之，希望借助这本书的内容，帮助大家梳理清楚自己的理想，塑造良好心态，做好取舍决策，拥有属于自己的一本人生选择宝典，在这个纷繁复杂、充满挑战的世界里白手起家，升级打怪！

引子

在中国四大名著之一的《西游记》里，有这么一个场景：如来佛祖在灵山大雷音寺举办讲经大会，期间谈到自己对四大部洲的观察，其中，“南瞻部洲者，贪淫乐祸，多杀多争，正所谓口舌凶扬，是非恶海”。

如来佛祖认为，如果自己的三藏真经能被传授过去的话，可以劝人为善，但考虑到“叵耐那方众生愚蠢，毁谤真言，不识我法门之旨要……”，并不想主动送经。这时，观音菩萨站了出来，表示愿意去东土大唐找一个取经人过来。

在《西游记》的最后，善良慈悲却不辨是非的唐僧、智勇双全但桀骜不驯的孙悟空、好吃懒做又贪图美色的猪八戒、老实巴交且存在感很低的沙和尚，再加上锯角退鳞并化龙为马的白龙马，踏遍万水千山，突破重重阻挠，经历九九八十一难之后，这个极其努力的团队终于从西天取得真经，回到东土大唐，完成了既定目标，拿到了希望拿到的结果。

在上述这些角色的观点和言行里，我们可以看到他们各自的选择，如果仔细分析背后的原因和思路，既感觉有趣，也很有启发。

如来佛祖有传经授道的善意和初心，但他选择了让别人来取经，而不是自己派人去送经。俗话说："法不轻传，道不贱卖。师不顺路，医不叩门。"有用的方法、高超的技艺、专家的知识、医者的仁心都是极其有价值的，但在对方没意识到价值、没感觉到需要、没正心诚意地付出努力和实践之前，那就是机缘未到，没必要急于付出。

这说明，当初心和方向都是对的时候，并不意味着时机、方法等也可以一顺百顺，永远不要指望靠一次选择就能解决所有问题，选择的背后要有耐心和智慧。

唐僧是如来佛祖二徒弟金蝉子的第十世转世之人，一方面为了重回西天和佛祖身边，另一方面，奉唐太宗之命前往取经，既有自身的需求，也有外界的期盼。在取经之初，唐僧胆小、软弱、犹豫，甚至逃避，自己没有辨认妖怪的能力，也不愿意信任孙悟空。后来，唐僧逐渐意识到，光坚持自己的信仰和目标是不够的，还得理解和尊重他人，哪怕是辈分比自己低且缺点一箩筐的徒弟们，也要对他们宽容和团结。

这说明，就算我们选择要做的事情是正确的，但我们自身的认知可能还有局限，能力依然不足，所以我们要有更大的系统观，能够团结那些有助我们实现理想的人，选择的背后要有心胸和成长。

孙悟空法力高强，一个筋斗就能翻到十万八千里之外，随时可以单枪匹马到达西天拿到经书。好几次跟唐僧闹矛盾的时候，孙悟空已经是自由之身，却屡次返回搭救保护唐僧。他选择陪同唐僧一步步走到西天取经，既因为信守当初承诺，也因为他知道取经之路就是磨炼自己心性之路。

孙悟空、猪八戒、沙和尚和白龙马全都是很有本事的，但如果不经历这九九八十一难，傲慢的还是傲慢，贪婪的还是贪婪，散漫的还是散漫，混日子的还是混日子。能力超群的几个人跟着一个毫无法力但目标明确、意志坚定的“凡夫俗子”，成就了一段佳话，也成为了更好的自己。

这说明，选择的背后要有坚持和努力。

在《西游记》的后段，越接近西天的时候，妖魔鬼怪越是厉害，唐僧师徒几人不得不向各路神仙求助，有时候借法宝，有时候请本尊。这种选择不是认怂，也不代表懦弱，而是知道自己并不是万能的，也不是最强的，更是知道自己不是世界上第一个遇到类似问题的人。

尽己所能之后，展现脆弱恰恰是一种强大的表现。寻找攻略，请教过来人，求助高手和达人，从历史经验中筛选被检验过的好方法，同时永远不拒绝更好的方法，拿到结果之后，也不在意非得归功于自己一个人。

这说明，选择的背后要有视野和格局。

带着这样的角度，去读我们曾经读过的书，去看我们遇到的挫折困难，去想我们当初犯过的错，它们本身并没有发生改变，改变的其实是我们自己。

选择改变的同时，不必有选择障碍症，先投入地做一段时间，根据实践和反馈快速做调整，不要后悔之前的选择，不要害怕做出新的选择，也不要太介意一时的对错得失，有时候它们会转化的，以前的错可能在今天是对的，以前的对可能在今天是错的。

选择做得再好，该走的路、该吃的苦，可能一点儿也不会少，但“想清楚如何选择”这件事情的本身，会让你在做事的当下是开心的、幸福的。每一个人都可以想清楚自己的选择，然后付诸努力！

第一章

不内耗，做『自燃型』的人

第1节 这人可能是一个大忽悠

作为一个热爱学习的连续创业者，我参加过很多行业组织、商会和企业家协会，其中让我印象最深、受益最多的是 EO 企业家组织（Entrepreneur Organization）。

EO 可能是全球会员规模最大的企业家社群，目前拥有超过 18000 名会员，在全球数十个国家设立了 200 多个分支。EO 的宗旨是帮助企业家通过各种学习，充分认识自己，挖掘和发挥潜能，实现个人、事业和家庭的 360 度全面成长。

在 EO 的各种学习中，最特别的是小组式的同侪学习。他们会按照一定规则，把来自不同行业的 6 到 8 位企业家聚在一个小组里，让这些企业家以月为周期在一起学习，互相交流，分享自己过去一段时间在几个重要方面的感受、事件和思考。

我加入的同侪小组属于 EO 北京，这个小组里的成员有做游戏的，有做食材贸易的，有做文学平台的，有做新媒体培训的，有做创意广告的，有做国际化教育的，有做财富管理的……

从 2020 年初到 2022 年底，这是新冠疫情对中国乃至全世界造成很大影响的三年，几乎所有的行业都遭受了冲击，创业者也过得特别艰难。我们小组成员聚在一起都不是一件容易的事情，大家在那段时间的情绪也难免有些低落。

“煲仔皇”门店数量在 2020 年初是 57 家，到

2022 年底增加到 128 家，疫情三年里，净增 71 家，营收和利润也创新高。对于这样的数据，组里其他人都觉得不可思议，甚至怀疑我是个大忽悠，认为我是表演型人格。

幸亏餐饮这个行业还是比较实在的。后来，大家在各种点评和外卖 APP 上看到许多顾客的评价，也在很多城市实地体验到“煲仔皇”餐厅的生意状况，慢慢发现“煲仔皇”真的是老老实实用一煲一煲饭做出来的。

同侪中好奇心最重的是彭嘉荣，除了在小组讨论，还专门找我一对一交流，想了解“煲仔皇”在疫情中逆势而上到底有什么原因，想让我把里面的故事和秘诀告诉他。

我仔细想了想，说：“我哪有什么故事，我之前的创业经历全都是‘事故’。用北京土话来说，我做‘煲仔皇’就是平地抠饼的一件事，我就是一个白手起家的餐饮人。”

“平地抠饼”是相声、曲艺、杂技艺人的行话。在旧时候，表演场地就是露天的一块平地，他们会用白灰画一个圈，作为表演场地的标志和界限，然后就在这块地盘上表演，凭着自己的口艺和手艺博得观众欢心，以此挣钱谋生，就像在一块平地上做饼充饥。

我刚开始做“煲仔皇”的时候，身上是真没钱，也没从上一家企业带走一兵一卒，可以算是“净身出户”的二次创业。我只有两样东西：一个是理想——我想做一个受人尊敬的世界级餐饮品牌；另一个是我的能力全在餐饮上——除了餐饮，我也想不到自己可以干什么。

白手起家的创业者真有点儿像给自己画圈之后当众表演的民间艺人，一开始，什么都没有。观众会带着各种各样的眼光看你，有些人冷嘲热讽，说你功夫还没练到家，有些人看完热闹就走了，可能也有些喜欢，但钱终归没给你。不管怎么样，你还是得想办法把观众吸引过来，抓住正在高兴点上的他们，赚到属于你的打赏钱。

如果说，学业考试是通过智商和记忆对人进行教育筛选；那创业就是在智商、情商、逆商、财商和执行力等方面对人进行残酷且全方位的社会筛选。我在“煲仔皇”之前的创业故事，有很多次碰壁和失败教训，可以算得上“事故”，里面充斥着别人的否定和怀疑，还有我自己的痛苦和泪水。

我肯定不算聪明，不管在社会上，还是在家里。比方说，我哥就比我聪明，成绩也比我好很多。别人说好木可雕，在我身上应该用“砍”比较合适，刚开始创业的时候被砍得可疼了。很多聪明人都做不了餐饮，因为这个行当没办法一蹴而就。有品质地稳定输出很重要，这需要勤奋和耐心。

创业和人生很类似，当下做的很多事情不会马上看出结果，甚至刚开始的变化比较大，也许做着做着就没动静了，但没动静不代表不成功。鸭子在水面漂浮的时候看似很安静，其实，脚蹼在水下不停地蹬水，努力维持着身体平衡。

“风口来了，猪都能飞上天。”这句话容易给人一种错觉，以为成功的那些公司都是趁着市场火热而快速涌入的价格投机者。其实，更多是已经耕耘了一段时间、在等风口来的过程中已经慢慢长出翅膀的价值坚守者，等风一来，才有机会一飞冲天。

360 公司创始人周鸿祎经常讲“第七个馒头”的故事。一个人肚子饿了，连吃六个馒头都没饱，当他吃下第七个馒头的时候终于饱了，于是有人去研究第七个馒头的用料和做法，想从此分析出让

如果没有前面吃下去的
六个馒头，
第七个馒头
不可能
让人感觉饱。

人吃饱的秘诀。如果没有前面吃下去的六个馒头，第七个馒头不可能让人感觉饱。

我对彭嘉荣说：“别人可能看到我在疫情期间吃的第七个馒头，总问我是不是当时被疫情压制，突然迸发灵感，或者踩到狗屎运就大爆发了？但实际上，我刚开始创业的时候，就差点儿被第一个馒头噎死。只不过，我每次都侥幸过关了，才能拿到现在的一些结果。你的这些提问促使我进行系统性复盘，里面一些思考、认知和总结或许对别人有些启发和借鉴意义吧。”

第2节

初出茅庐就赔光，注定赚不了快钱

在某次学习中，有一个伙伴提到“动机决定行为”：什么样的动机就会产生什么样的行为，动机的见识、境界和能量也会带动出相应的行为。这深深触动了我。

人有一些行为是本能反应。例如，遭受突然攻击时候，情急之下一般只有三种反应：一是猛烈反击，二是慌乱逃避，三是愣住不动。

人有一些行为是习惯反应，来自之前那些长期积累、行之有效、印象深刻的方法和案例，能够帮助自己节能高效地处理日常生活中的绝大多数问题。例如，每天上班的路线、喜欢吃的食物和餐厅、与人沟通的常用方式。

人还有一些行为是深思熟虑之后采取的。例如人生理想、企业愿景。虽然这个比例最小，但可能是对我们一生影响最大的。

人作为高等生物，几乎每个行为的背后都有相应的动机，都经过或深或浅的思考。人先有动机，再有行为，最后产生结果。要想真正改变结果，最好、最长效的方法是改变动机。动机改变了，行为自然而然就会产生变化，结果也就随之变化。

“煲仔皇”办公室里挂了一块横匾，上面写着“打造令世界尊敬的餐饮企业”。其实，这个理想在“煲仔皇”创立早期并不是那么清晰和准确。对白手起家的人来说，理想算是一件奢侈品，活着比什么都重要。我最早的创业动机跟一般人没什么差别，很朴素，就是挣钱谋生。

当时，虽然谈不上家徒四壁的一穷二白，但白手起家的“白”是毫无疑问的。中专毕业，18 岁就早早进入社会工作。因为身材高大，我做过饭店保安；因为能和人打交道，到韩国皮具品牌旗下做过销售员……这些工作都处在社会很底层，没办法积累很多资金和优质人脉。

从务实的角度来说，绝大部分白手起家的创业者的动机就是赚钱，赚一点儿钱可以养家糊口，赚得多点儿就可以过更好的日子，并没有多么高大上的初心故事；但如果一直只为了赚钱，没有思考任何长远的目标和理想，那就很容易钻到钱眼里去，反而可能钱没赚到，却交了很多学费。

我的第一次创业就是只想着赚快钱，抱着这样的动机出发，结果摔得很惨。动机不纯，结果不良。有些钱看着别人很好赚，但自己去赚就是赚不到；有些钱看着别人赚得快，但自己一上手就是亏得快。

当时，我在销售韩国皮具，发现附近一家减肥中心每天都人头攒动，看上去生意很好。减肥中心的宣传直击顾客痛点，号称通过减肥仪器产生某种电波，可以刺激脂肪震动并消耗脂肪，人既不用运动，也无需节食，戴上仪器就行，躺着也能瘦身。

这不只是击中顾客的痛点，也击中了我的痒点，我就蠢蠢欲动了，没想到后来还真是做了一回蠢货。一台仪器的进货成本接近 1 万元，在 2000 年可不是一笔小数字，但在迫切想赚快钱的动机之下，我还是拿出全部积蓄，加上从亲戚朋友借来的钱，凑了大约 40

动机不纯，结果不良。
有些钱看着别人很好赚，
但自己去赚就是赚不到；
有些钱看着别人赚得快，
但自己一上手就是亏得快。

万元进去加盟，最后竟然血本无归，还负债累累。

减肥中心的商业模式是通过夸张的宣传让加盟商信以为真，以高价买入所谓的“减肥仪”，总部从差价中赚取丰厚利润，至于加盟商能不能赚到钱，什么时候能赚到钱，都不是总部操心的。

这个惨痛的教训让我有一番深刻的反思：这样的创业实在太想当然了，在对减肥仪的技术是不是先进、是不是有效、是不是被客户认可等关键点都不怎么清楚的情况下，一厢情愿地按着计算器，得出让自己心花怒放的收入和利润，就冲动地投入大笔资金。

可能命中注定赚不了快钱吧，第一次创业就把借来的钱都赔光了。幸亏当时及时认怂止损，之后就老实了。入行餐饮之后更加明白，饭一份份卖，看着是赚钱慢，但只要方向对，不折腾，慢就是快。

当时的动机是偏了，没思考清楚本质。数字从计算器按出来都是准确的，但心里对这件事情的感觉非常虚，产品和服务能不能为客户解决问题、为社会提供价值，都说不准。复盘下来，就是创业动机太急功近利了，思考深度不够，以这样的初心出发，从一开始就注定最后会失败，终归走不长远。

第3节 徒弟跑去找师傅，领自己进门学艺

白手起家意味着很多资源都是匮乏的，而创业恰恰要求创业者要有效整合资源，也就是围绕自己的创业目标和商业目的，有筛选、有效率地把各个资源要素有机地组织起来，用产品或服务满足人们的某一类需求，然后获得属于自己的商业回报。

创业者要学会复盘，尽管不可能复盘一次就把事情搞清楚，每隔一段时间，或者多一些经历之后，再次复盘会有更深刻的认知，运用抽象思维更有助于总结出一通百通的认知原则。

哪怕我以后再也不做减肥仪这个生意，但我的复盘和总结对我之后做很多事情都是有帮助的。所以，我总在心里琢磨，后来归纳出对创业很重要的四个核心要素。

创业的四个核心要素分别是金钱、技术、人才、时间。没有技术，不可能做出好的产品和服务；没有人才，不可能搭建好的组织；没有时间，不可能把产品和服务打磨到足够好；没有钱的投入，就更不用说了，不可能支撑前三者。

人们往往认为钱就是一切，也把钱放在创业要素的第一位。经常听到有人说："如果给我那么多本钱，我也能成功。"通常，说这种话的人创业都很难成功。

有一定金钱基础去创业，做事的空间的确会宽阔一些。金钱常常能置换到其他资源，但如果钱

多到什么都能置换得到，这就变成消费，而不叫创业了。就算用钱把资源置换到了，还得进行整合和创新，所以，不是有钱就必然创业成功的。

这么一复盘，我感觉自己第一次创业就是消费，而且是借钱消费，买了一大堆减肥仪进来，结果自己既不懂技术，又没有找到人才，还不肯花时间，只想着赚快钱。

如果创始人自己不掌握核心技术，面临的风险和挑战是极其巨大的。自己很难直接做，也可能没能力指导团队做出自己想要的成果，就算用钱来置换人才和技术，成本也非常高。所以，在创业时，必须已经有了实战积累和行业经验。

要想掌握核心技术，躬身入局是最好的方法。这看上去很原始、很笨拙，但亲力亲为去做，踏实地一步步走，就有机会走得更稳更远。

2000年，我发现楼下有一家名叫“老家肉饼”的餐厅生意不错，在北京其他地方也开了连锁店，于是开始琢磨餐饮创业的事情。虽然餐饮看上去是普通人很容易上手的创业赛道，但吸取第一次创业太过冒进的惨痛教训，我决定从“学徒”模式起步，考虑加盟成熟品牌，找合适的“师傅”领自己进门，搞清楚别人成功的真正原因。

经过对“老家肉饼”各家门店不同时段的营业状况进行仔细的考察，包括店铺选址、客流量、客单价、菜品、设备、装修、口碑，等等，我最后认为这是一个经过市场考验、业务比较过硬、符合大众消费水平的快餐品牌，比较适合自己这种行业新进者。

“老家肉饼”当时还没开放加盟，也就是这个“师傅”连怎么带徒弟、怎么教徒弟都还没准备好。面对“一个巴掌拍不响”的局面，换了别人可能就打退堂鼓了，但我觉得这反而是一件好事，是一个整合资源的机会。

当时，品牌方自己也没想好要不要开放加盟，连加盟协议都没有。说到协议，我很早就有一个认知：人类社会是一个由协议组成的游戏世界，只要协议的内容合适，只要协议的各方同意，我就可以跟任何人进行合作。

于是，我很主动、很有创造性地去跟“老家肉饼”谈“游戏规则”，也就是谈加盟协议。我主动提出的加盟协议是一种双赢模式，不仅为自己争取有利的加盟条件，获得入行餐饮的创业机会，也有利于“老家肉饼”在品牌基础稳固的前提下，能用加盟模式扩大发展。

说服“老家肉饼”开放加盟，无疑是徒弟找师傅领自己进门学艺的一件事情，这件事情足足花了我半年时间，但最终成功了。我的第一家店位于朝阳路的甘露园，在 2000 年 12 月 28 日正式开业，三个月后就收回投资。

在整个过程里，思考、考察、计算、谈判和学习的时间远多于落地执行的时间。这个时间比例和之前做减肥中心是截然相反的。“看清楚再做”带来了创业的首次成功。

《孙子兵法·形篇》中有这么一段话：“是故胜兵先胜而后求战，败兵先战而后求胜。”大致意思是，胜败往往取决于战前的准备，胜利之师有了充分的胜利把握，才会积极地和敌人交战；失败之师是先和敌人交战，然后希望在战斗中谋求胜利。

如果仔细观察那些雕刻大师，他们找到一块好原料的时候，先不着急动手，而是想一段时间。其实，他们是在脑海里描绘过程和结果，想清楚了各种可能性，然后才开始雕刻。这时候，更有把握做出一个优秀的作品。

做任何事情要想成功，都得抓住关键要素，选址就是餐饮创业成功的关键要素之一。我完全没想到能有开店三个月就收回投资那么理想的局面，但我在考察“老家肉饼”的时候，有一个很强烈的感觉，就是他们门店选址都不错，自然进店的客流量很大。

谈加盟花了半年时间，与此同时，在第一家店的选址上，也花了半年时间。当时，我住在通县——通县是老北京人的习惯叫法，就是现在的通州区，在六、七环范围。我每天得花一个多小时乘322路公交车进市中心，下了车之后沿着马路往回走，边走边看都有什么店铺，客流量怎么样，终于找到一家合适的店面租下来。

餐饮被称为“勤业”，事情很多很琐碎，跟当初减肥中心的光鲜亮丽可没法比。为了实践出真知并掌握核心技术，也为了节省时间，我索性吃住都在店里，每天起早贪黑地和员工一起做早餐，一起做宵夜。

菜品售价很亲民，一碗绿豆粥0.6元，一块肉饼1.2元……一个人一顿饭花10元钱就能吃得很饱。就这么低的客单价，一天还能有1万多元的营业额，可以说是相当不错的成绩。

7年后，我旗下的加盟店规模已经发展到7家，也获得了创业路上的第一桶金。比钱更重要的收获是在这7年里实打实地做经营，打下扎实的餐饮业务基础，拥有了多门店的连锁管理经验。

做减肥中心的时候，指望着7天就回本，7个月就暴富，多一天都不想等。做餐饮的时候，7年开到7家店，一点儿都不觉得慢，相人类社会是一个由协议组成的游戏世界，只要协议的内容合适，只要协议的各方同意，我就可以跟任何人进行合作。

反心里还很踏实。动机看上去是虚的，只是人心里的一个想法，但真的很重要，因为它是发心，起心动念指导着一切行为，也才有了后面的一切结果。

创业不是每一天都能看到结果的，但可以每一天都不停地整合和优化。如果创业动机是一步到位赚大钱，结果可能是一念之差亏大钱。改变动机很关键，不同的动机对一个人的影响是不同的，在各行各业都有这样的例子。

有运动健身习惯的人可能都有这样的观察和感受：人的天性是好逸恶劳的，往往一开始健身都很认真投入，但时间长了就坚持不了。有些人健身的动机是想给别人展示自己更好的一面，如果别人没察觉，或者没给予表扬，自己的动力就会变小。如果把动机转变成纯粹为了自己健康，专注感受运动当下给自己身心带来的愉悦感，不和外界评价挂钩，不少人就可以更好地坚持下去。

保险经纪一般都不强调投资收益率，因为保险相比其他金融产品都要低不少，尤其当你的购买动机是赚钱回报，保险经纪就很难做成你的生意。保险经纪更习惯把产品描述成一个安全杠杆，也就是存入一定的保费，在意外发生后可以让你获得一定倍数的保额兑付，能够对冲意外风险，继续保障家庭生活品质。这样的说法能够让人的购买动机发生改变，从赚钱回报转变为安心保障，有一个更积极的角度去看待可能出现的意外风险，人的内心感受也会发生变化。

同样的健身运动，同样的保险条款，产品和服务都没发生任何变化，只是人的动机变化了，可以称之为“心理账户转移”。同样做运动，以前是为了别人而做，属于“外界账户”，现在是为了自己而做，属于“内在账户”；同样是投钱，以前放进“投资账户”，只盯着收益，现在放进“保障账户”，安心最重要。

入行餐饮的最初 7 年里，我拿到了一些结果，也体会到在赚钱之外还有很多与钱无关的乐趣，开始觉得创业是探索商业、理解社会、体验人生的一种方式，也希望可以站在中国餐饮企业的角度，打造一个受人尊敬的世界级品牌。人要成长的，创业也是，老在同一个水平或者维度上，自己也会觉得没意思。

第4节 从加盟走向独立，把『故事』变成『事故』

通过加盟成熟品牌进入餐饮赛道并且取得一些成绩，这让我首次体会到了创业的成就感，但加盟模式有利也有弊，在获得成熟品牌的赋能、帮助和指导的同时，自由度是有限制的。

我很清楚自己的创业动机是靠自己做出一番事业。那时候，“老家肉饼”的加盟合作正好差不多到期了，于是就在加盟店的基础上，推出了自己原创的餐饮品牌——“一品三笑”。

创业迈向新目标、新阶段，充满期待，我憧憬着发生一段美好的故事，没想到变成了一个“事故”。

我对加盟“老家肉饼”获得成功的经历进行了总结，认为自己在效率型餐饮积累了一定的技术和经验，就是擅长做快餐，所以接下来可以乘胜追击，独立创业还是应该做快餐。快餐肯定要有一个主打的主食，当时在品类选择上花了很多功夫进行考察，后来看中了卤肉饭。

卤肉饭是台湾知名菜品，以猪五花肉、鹌鹑蛋、米饭为主要原料，肥而不腻，汤汁浓郁，咸甜适口，在顾客心目中的认知度是很高的。于是，我在2008年就起步创立自己的餐饮品牌，取名为“一品三笑”。

我那时候觉得自己做餐饮已经轻车熟路了，餐厅里里外外各种事情，我闭着眼睛就知道该怎么做，取名的时候也特别自信，想着起一个很有调性的名字，结果把自己害惨了。

白手起家的创业者通常都有一个优点，就是勤奋努力，相应的弱点是不太懂经营，对顾客的认知还不够透彻。“一品三笑”最大的问题不是在产品上，而是在于认知。光看这个名字，顾客根本不知道这家店卖的是什么，甚至在字面上都不知道这是一家餐厅。

古人说：“赐子千金，不如教子一艺。教子一艺，不如赐子佳名。”我当时根本没意识到，取一个易记好懂、朗朗上口、没有传播障碍、没有教育成本的名字是多么重要。

浑然不知的我依然从自己最擅长的角度去推进，做高性价比、高效率的餐饮模型。高性价比是让客户体验到的效果，高效率是企业内部要达到的目标，两者是相辅相成的。

餐厅原来的产品线有 30 多款饭菜，为了提高效率，缩减到 10 款，其中 8 款是饭，两款是面，最主打的就是卤肉饭。因为选品极致，运营效率也极高，厨房事先把卤肉和配菜都做好，顾客一点单，服务员把菜往饭上一浇，就可以上桌了。

当时，市场上这么一款饭的平均售价是 14 元，“一品三笑”只卖 8 元，价格也降到了极致。虽然毛利下降，但客单量大幅上升，总账算下来是赚钱的，极致的性价比也弥补了品牌名字认知模糊的弱点，从经营上还是存活下来了。

但一时的存活不代表可以一直持续，任何效率的下降都会损害利润，利润的减少对企业是致命的，尤其在没有资本支撑的情况下。在陆续开到 40 多家店之后，随着市场需求发生变化以及内部效率下降，“一品三笑”在 2011 年陷入了很大的困境。

到这时候，我感受到再努力也无济于事，可能要在方向、模式、认知和策略上进行跃迁升级，也要更有体系、更有深度地看待创业这件事情。我又开始复盘了：入门餐饮是加盟一个已有的品牌，也算一个创业者，但不需要在商业模式上重新思考了。因为它直接给了一个已经获得验证的成功模式，只要不是骗局，尽管去运营就行了，结果基本是有谱的。

对加盟商来说，加盟的商业本质就是付费购买一个成熟的商业模型，减少自己从零到一的失败概率和折腾成本，所以也要为这个买单，付加盟费，听从管理。商业社会的规则是价值交换，什么便宜都占尽的事情也不是没有，但一不常有，二也不长久。

自从减肥中心创业失败，我对创业就很有敬畏之心，我愿意交学费，越早交越好，不然到年纪大了，人生回本的时间也没多少了。如果对标自己的理想，加盟 7 年、自创 4 年都是在交学费，而且交得心甘情愿。

从无到有创立一个新品牌，创业者要从构建商业模式开始思考，要怀有敬畏之心，不能为了做而做，不能用战术上的勤奋掩盖战略上的懵懂，模式打造成功以后，才能去复制，不然带着一堆问题去复制，复制得越多，失败就越惨。

赐子千金，
不如教子一艺。
教子一艺，
不如赐子佳名。

第5节 三管齐下所获无几，灯火阑珊孤注一掷

“一品三笑”当时做到了40多家门店，规模看着不小，但看到盈利水平的状况，我知道企业已经陷入了困境。加上我和合伙人有意见分歧，到了这个规模，团队和业务惯性已经很大，很难掉头。这让我非常苦恼，尤其在面对自己那个远大理想的时候，因为两者之间的落差很大。

很多时候，人是做了决定之后去找论据，以此证明自己做的决定是有道理的，也是正确的。这是人性使然，总要给自己一些支持，哪怕只是一些解释和说法；但我当时没有给自己找那么多的理由，反而是问了自己很多问题，看看到底哪个问题最触动自己，可能那就是对我最重要的东西。

我那时36岁，正好是中国传统文化里的本命年，马上就要进入人生下半场。我强烈地感觉到，如果不做根本的改变，自己的人生会留下遗憾。

没有像初次失败赔光本钱的痛定思痛，也没有轰轰烈烈再次出发的场景，只是抱着不要让人生下半场留有遗憾的简单想法，我轻轻放下了过去的成绩，也放下了包袱，走上第三段创业之路。

如果从这里直接开启“煲仔皇”从0到200的故事序幕，或许符合一般人对连续创业者涅槃重生、走英雄之旅的想象，但事实根本没有那么神奇。相反，我经历了一段时间不短的徘徊和折腾，甚至还走了一段弯路。

在离开“一品三笑”之后，我放缓了生活节奏，反思自己在加盟“老家肉饼”、创办“一品三笑”这两段经历中的得与失：自己真的很努力，每天连续工作10个小时是家常便饭，身先士卒做好表率，管理方面非常仔细，学习的对象也没问题——“麦当劳”和“肯德基”都是效率型餐饮的世界级品牌。

明明使出全力，在餐厅每一个细节上花了很多功夫，但还是做着做着就卡住了，要么规模上不去，要么不怎么赚钱，品牌也始终没做起来。我觉得自己很全能，从后厨到前厅，从采购到营销，从招人到考核，在管理上没有短板，生意就是不温不火。思考了很多遍，依然不得其解。

想不通归想不通，日子总是要过的，人总要接受现实。我就像跑了一场12年的马拉松，每天工作都很紧凑，人也极度紧绷。停下来之后，我不去餐厅，也没员工来汇报了，突然有了很多时间。人也慢慢变得柔软，有了更多弹性，就想看看书吧，看书总没坏处。

有人说，阅读是最廉价的高贵行为；也有人说，书是最廉价的奢侈品。这些说法都是在用世俗的、物质的金钱观来衡量我们花在阅读上的时间价值，其实，时间才是最宝贵的，思考才是最稀缺的。

很多时候，阅读不是为了照着书本说的去做，而是从别人的文字、故事和观点中照见自己，用来消化和提升发生在自己身上的那些人生经历。

日本著名设计师山本耀司曾说：“自己这个东西是看不见的，撞上一些别的什么，反弹回来，才会更了解自己，所以跟很强的、可怕的、水准很高的东西相碰撞，然后才知道自己是什么，这才是自我。”

这个世界是非常复杂的，只要是人都会迷茫，如果连自己的真实状况都不清楚，无法清晰定位自己，人就没有方向，会活得没有力量，就像漂浮在大海上的一艘小船，只能随波逐流。

好书实在太多了，我开始有意识地梳理出自己的书单，有些书读完一遍，觉得不合适，就放弃了，有些书会被打上标记，之后要读第二遍、第三遍，或者值得推荐给别人。例如，我觉得创业者一定要看《定位》这套书。

因为在看到《定位》理论和丛书之后，我才意识到自己之前的创业原来只是扮演了管理者、执行者的角色，而不是处在战略者、定位者的维度。以前的自己更像一个高级管理人，专注把事情做好，而不是花时间思考什么是对的事情，为什么这件事情是对的。

向“麦当劳”和“肯德基”学习并没有错，但只停留在对流程的努力模仿，只能知其然，但不知其所以然。例如，看到“麦当劳”1分钟出餐很厉害，于是想着把卤肉都事先做好，等顾客点单之后，就马上把卤肉浇到饭上。

那是不是意味着，一旦有哪家餐厅做得比“麦当劳”更快，就能超越“麦当劳”呢？答案很显然，并不是。

我这人就喜欢想一些抽象的东西，抽象是可以跨领域、跨语言和跨文化的，也就是一通百通的。我很快又在中国的传统智慧里面找到了类似的启发，看完西方人写的《定位》，又关联到了老子的《道德经》。

以中国传统智慧反思“老家肉饼”和“一品三笑”的创业过程是挺有意思的，用《道德经》的话来说，就是术上特别努力，道法上没长进。术对应的是企业具体管理，管理的信息量和工作量都很很多时候，阅读不是为了照着书本说的去做，而是从别人的文字、故事和观点中照见自己，用来消化和提升发生在自己身上的那些人生经历。

大，需要特别勤奋，于是自己什么都管，什么都做，什么都懂，还认为“做甩手掌柜”简直就是一种罪恶。

在这个过程里，最容易获得的感觉是自信，甚至到自负的程度，因为觉得自己比别人厉害，自己亲自做的事情效率高、质量好、成本低，所以根本不觉得自己有问题，如果企业出现问题，那肯定是别人导致的。

离开“一品三笑”之后，没有了下属过来汇报，没有那么多的事情要管理，平时在工作中获得的权力、认可和尊重也随之消失，这种变化让人一下子沉寂下来，变得更客观、更冷静。

之前状态狂热的时候，我觉得自己一直在往上走，虽然累，但爬了12年快爬到山顶了。现在冷静下来，感觉恐怕连半山腰都还没到，而且仿佛走到断崖峭壁面前，随时会掉下去，可以瞬间回到山脚。

在这样相对闲散的半学习、半休息的状态下，半年过去了。在我的面前，未来其实也就只有两条路，一条路是去别人的企业做职业经理人，另一条路是再次创业。

人们常说，创过业的人很难再回去给别人打工。我几乎没有犹豫，选择了后一条路。这时候的创业相当于是第四次，就得更加谨慎了，我想着要先有一个相对稳妥的保底计划，同时再创立一个新的品牌。

俗话说，双管齐下。这次是“三管齐下”：第一个项目是加盟别人的成熟模式，第二个项目是基于自己过去实践的改良模式，第三个项目才是崭新的模式。

但不管做什么模式，钱都是不够的，我只能想办法调动身边的资金，最直接的来源就是亲人。由于自己为人相对靠谱，做事认真，做生意的小姨慷慨地借给我 180 万元，而且是无息借款。

面对亲人的信任和厚爱，我非常谨慎地把钱都投进了前两个项目，毕竟这两者相对成熟，稳定性更高，如果上了轨道，能提供比较好的现金流，在计划里是用来对冲第三个项目的风险。

第一个项目是“田老师红烧肉”，属于食堂型快餐连锁店，餐厅模型和“老家肉饼”是一个类型。我对这个赛道非常熟悉，跟老熟人以加盟合作的形式开始。

第二个项目是做台湾菜的“零度空间”，主打菜品跟“一品三笑”一样，都是卤肉饭，不过，从快餐扩充到了简餐，除了供应主食，还有其他菜品。创始人已经开了两家店，生意都不错，跟对方合作开第 3 家店，应该是有把握的。

于是，我往这两个项目各投了 90 万元。没想到，人算不如天算，竟然又出“事故”了。

“零度空间”的这家新店从一开业就没赚到钱，做了两年把 90 万元全部亏完，最后关门大吉。

“田老师红烧肉”也很不顺利，开业被迫一再延期。当时，项目跟“二房东”签了租约，没想到“大房东”和“二房东”出现了纠纷，要到法院诉讼解决，这一拖就是一年多。这个项目在相当长的时间里，连收入都没有，更别说利润了，反而要搭进去很多时间精力来解决何时开店的问题。

最让人哭笑不得的是，“二房东”预收了一部分租金，一直拖着没退还；正因为有这个关系牵扯着，后来，对方帮忙介绍了一位非常重要的早期投资人，但已经是后话了，当时也万万不会想到有这个机会。

幸好，“田老师红烧肉”餐厅最后总算是开起来了，也有实现盈利，但在初期肯定算出师不利的。总而言之，我有我的计划，但世界总是另有安排。

前两个项目遭遇很多意外，第三个项目就更有挑战了，毕竟是全新模式。当时想的新项目还不是煲仔饭，这个项目的前半个名字叫“米克斯”，后半个名字叫“优汁百味”。

看了《定位》的书之后，我至少在起名字这件事情上有点儿长进了，肯定要让顾客从名字上就马上知道，这大概是一家什么样的餐厅；然而，这两个花费了很多时间和精力的项目，后来都没有问世。

“米克斯”项目的模型是拌饭，“米克斯”就是英文Mix（混合）的谐音，所以有点儿像西式快餐的“赛百味”，顾客对米饭、肉、菜和酱汁进行一连串的选择，然后经过搅拌混合就可以上桌吃了。我认为这非常符合快餐的效率型模式，依然是自己熟悉的赛道。

在做市场调研和顾客测试的时候，一位女士提出了意见：“这样把饭拌起来真的不好看，感觉不舒服，没食欲。”我就犹豫了，思考是不是在切配上再优化一下，让菜品样子变得好看一些，最终结果还是不理想。

仔细思考之后，我把注意力放在了酱汁上，觉得酱汁可能是产品差异化的关键，于是把这个项目的名字改为“优汁百味”，希望突出酱汁的价值，把顾客的认知注意力往酱汁上引导。

虽然花了很多时间去研发熬制各种酱汁，还花了钱去注册商标，但依然遇到各种问题，主要是酱汁很难让顾客体验到优质感。毕竟，从感官上，酱汁不能代替一整块原肉，也就卖不出相对高的价钱；而且，无论酱汁如何美味，在顾客认知当中，永远不能成为一道菜品的主角。

举个类似的例子，在茶馆里提供的茶叶都不能差，因为一般来这里都是款待别人。茶馆不会用茶包，因为茶包里是茶叶碎末，会被消费者认为是边角料的大混合，没有价值感。另外，因为在茶馆待的时间长，茶馆还要提供空间价值，营造环境价值。但作为快餐餐厅，酱汁和环境都不是我的优势所在。

折腾了一大圈，兜兜转转，看上去做了很多事情，复盘时发现其实都是很低效的勤奋、无用的创新。尤其从定位理论的角度来看，并没有从顾客的心智认知去思考问题。懂得定位理论，不一定让人创业成功，但至少可以少踩坑，有些明显的错误就不会犯，有些初级的学费就不用交。创业就跟打游戏一样，多知道一些攻略，比别人多几条命，通关的概率就高很多。

拌饭虽然让餐厅拥有很高的出餐效率，但顾客对这个品类的认知很弱，光接受就要花很多功夫，而酱汁从来就不是菜品的核心，在顾客认知里也是排不上号的。

可以说，因为对定位理论所知甚少，这个全新的创业项目在一开始就走上了弯路。资金是明面上的显性成本，时间和心力是更大的隐性成本，白白承受了巨大的压力，但没拿到心目中的结果。

在创立“煲仔皇”之前，我已经看过不少关于定位理论的书籍和知识。定位理论明确指出，品类的概念非常重要，而且品类本身就存在于人们的心智认知当中，与其凭空创造，不如从中挖掘。

坦率地说，我对定位理论的学习和认知是有一个循序渐进的过程，我很清楚那些原理，但结合到餐饮行业还是得有很多的尝试和实践，也就是所谓的知行合一，在知中行，在行中知。

可能是老天爷眷顾，在这种似懂非懂的状态下，我眼前出现了煲仔饭。某天中午，我在以前办公室的楼下看到了一家桂林米粉店，说起来也神奇，这家打着广西招牌的米粉店顺带卖着广东的煲仔饭。

褐黄色的砂锅架在炉子上，锅底抹上一层薄油，这样既可防止粘锅，也让锅巴更香脆。生米洗净，浸泡一段时间再倒进锅里，配以比平时煮饭少一点儿的水量，大火煮开之后，转小火直至八成熟。

此时，在饭上加入事先切配好的腊肠、腊肉、滑鸡、香菇、青菜等食材，继续煮至饭熟。关火后，不着急开盖，利用余温继续焖几分钟。最后，为顾客提供酱汁进行搅拌，调至自己喜欢的咸淡口味。

服务员为我打开锅盖的一刻，蒸汽、香气喷涌而出，饭香、肉香扑鼻而来，酱汁淋下去的时候，发出了“呲呲”的响声。我当时觉得自己的天灵盖也被打开了，像被闪电击中了一样，脑子开始高速运转。

有饭，作为主食。有腊肠、腊肉、鸡肉、排骨和蔬菜铺在饭上，作为菜。饭和菜都齐了，还能加一碗广东老火靓汤。煲仔饭本身还是一种很特别的烹饪方式，煲既是炊具，也是餐具，很有辨识度。

桂林米粉店会卖煲仔饭，茶餐厅会卖煲仔饭，高档的粤菜餐厅也卖煲仔饭……这么一道源于两广地区的菜品放到北方也会有人吃，东南西北的人都知道，而且这种认知已经上千年了。

在“一品三笑”的时候，我就曾经研究过煲仔饭，但煲仔饭的制作工艺相比卤肉饭更为复杂，厨房动线、生产设备、流程工序都得改造，或者要专门为煲仔饭设立一个区域。对于已经相对成熟的“一品三笑”来说，这动静未免太大，当年就把这事情放下了。

在一家桂林米粉店里遇见广东煲仔饭，这本身是一个偶然事件，但从人生如同一部连续剧的角度来看，如果没有之前 12 年餐饮创业的实践和积累，如果没有当时苦苦寻找创业项目新方向的殚精竭虑，煲仔饭在面前出现的次数再多，也不会让我有醍醐灌顶、茅塞顿开的感觉。那一刻就好比宋代著名词人辛弃疾说的：“众里寻他千百度，蓦然回首，那人却在灯火阑珊处。”

灯火阑珊再璀璨，也得启程才能到达。创业得靠行动，面对任何一个创业项目，怎么思考都有不完美的地方，思考再多也会有遗漏的地方，但只要方向正确，出发总是对的。

回想当时，真的有很多理由把煲仔饭这个项目排除掉。例如，自己不是广东人，出品可能被人认为不正宗；又例如，创业的资金几乎用完，再出问题可能也借不到钱了。

我当时脑子里的确有一个声音，劝自己再想想，说不定还有更好的选择；但我知道，一旦再这么想下去，就真不可能创业了。我得赶紧先把第一家店开起来再说，有点儿磕磕碰碰没关系，失败了也无所谓。

我记得在上 NLP 教练课程的时候，有一个环节要求学员大声说出来“自己想成为什么样的人”，当时，我的那句话是：“我要成为一个有勇气的男人！”之所以会蹦出这句话，我觉得人真的是缺什么就想补什么。创业者最宝贵的品质可能就是勇气，运筹帷幄再多，战略战术再好，没有勇气付诸行动，就永远不能把理想变成现实。

曾经有一段时间，我同时操作着三个项目——“田老师红烧肉”、

“零度空间”台湾菜和“煲仔皇”，要么不顺利，要么亏着钱，要么不完整也不完美。例如，“煲仔皇”在最初并不叫“煲仔皇”，而是叫“仔皇煲”，这个仓促上马的品牌名字体现了煲仔饭的元素，但读起来并不顺口，也不方便记忆。

对创业者来说，完成比完美更重要，完成就代表有了一个雏形，有了才能改，改了才能好，好了才能精，精了才能强。

那是 2011 年，正值金秋送爽之际，但我完全无暇欣赏北京一年中最美的秋枫红叶景色，而是马上买了去广州的火车票。广东是煲仔饭的发源地，也是业态最兴旺的区域，我还有一个老相识的广东厨师在那里。

由于出发太仓促，只能买到坐票，但我一点儿都不计较，带着忐忑又期待的心情，在 20 个小时后到了广州。结束广州考察后，我回到北京开始筹备“煲仔皇”的第一家门店，2012 年 3 月，开张营业，“煲仔皇”的创业之旅也从此开始了。

回首来看，当时几乎是生死存亡的最后一刻：本就没带一兵一卒，计划好的项目受阻，借来的资金耗尽，计划总是赶不上变化……“煲仔皇”真的是被逼到悬崖边上的孤注一掷。

从更大的维度来看，可能又是最好的安排。对创业历史的深度复盘、对自身成长的梳理反省、对定位理论的学习运用、对中式餐饮的执着追求，以及最后一刻爆发出的强大执行力，全部都汇聚到了“煲仔皇”。

有了才能改，
改了才能好，
好了才能精，
精了才能强。

第6节 告诉我，你的理想是什么

创业是从零到一的艰险旅程，以赚钱作为创业的动机，让自己利益最大化，这很符合逻辑。试问，做生意如果不追求赚钱，难道追求亏钱吗？

然而，我发现，自己最想赚快钱的第一个创业项目亏得最惨也最快。以追求效率和执行力为核心的“老家肉饼”“一品三笑”起步不错，但遭遇了发展困境，有一种“方向不对，努力白费”的感觉。想用来做创业保底的“田老师红烧肉”和“零度空间”台湾菜，虽然精打细算，但出师不利，计划始终赶不上变化。

我觉得自己已经投入得足够多了，计划也比之前做得更详细周到，怎么还是出问题？当时，真的非常困惑，开始怀疑难道是自己不适合创业。赚钱怎么那么难呢？

我认为，能够突破自身维度和所在环境的人肯定不是靠运气，背后都有一套很深刻的逻辑。历史上那些杰出的人物、商业领域里那些成功的企业家，他们的经历各不相同，但都拿到了很好的结果，其中一定有相通的道理。

中国的孔子、王阳明、曾国藩，西方企业里的“麦当劳”“可口可乐”“苹果”以及它们的创始人，全都成为我的学习研究对象。这些成功的人有的改变了行业，有的影响了世界，有的造福了人类。

这些人的成功有一些跟创造财富有关系，但不是充分条件，更不是全部原因。他们取得巨大的成功，是因为对人生想得很明白，对想做的事情非常热爱。他们内心那种渴望已经不能用动机来形容，而是升华到了理想。

这些理想使得“白手起家”的他们有持之以恒的动力、澎湃不息的精力、极强的意志力和影响力。强大的精神力量应该是最核心因素，不然，很难解释一个肉身基础跟普罗大众没什么区别的人，怎么可以做出那么成功的事情。于是，我一边做“煲仔皇”一边反思自己的创业动机，梳理自己的创业理想。

人类的一切行为要么是本能欲望推动的，要么是习惯形成的，只有很小一部分是深思熟虑过的，而理想又是在深思熟虑这个类别里最特别的。所以，在探讨理想如何寻找和设立之前，很有必要了解人的大脑是怎么一步步进化到现在，又是怎么影响和控制人的各种行为表现。

目前，生物学的研究普遍认为，动物是按低等到高等的顺序出现和演化。人的大脑结构也是这样。为了方便理解，可以简单把大脑分成爬行动物脑和智人脑两部分。

前者位于大脑的最里层、脊柱的顶端，主要负责维持人体的基本生存功能，以及在紧急情况下的本能反应和日常状态下的惯性行为。后者位于大脑的前额皮层，只占很小的一部分，而且得靠后天发育和锻炼才能真正成熟，主要负责逻辑思维和认知功能，例如语言、文字、联想等。

爬行动物脑相当于自动驾驶系统，储存了大量的信息，能够用极快的速度、极强的组织能力，处理数量巨大的基本问题，其中包括精准地协调无数神经元和肌肉组织去完成一连串行为动作。

为了实现“自动驾驶”，爬行动物脑的反应机制可谓“简单粗暴”，害怕未知，厌恶变化，好逸恶劳，喜欢确定性，也包括那些很底层、很基本的欲望反应。例如，看到外表好看的人事物就先入为主认为是好的，看到正在排队的餐厅就下意识认为很不错，找对象会很在意对方好不好看、有没有钱……

智人脑负责处理那些数量少但需要深度思考的问题，它的反应速度比爬行动物脑慢很多，两者差距几乎跟走路和火箭一样，但智人脑一旦真正启动之后，不仅能管理爬行动物脑，甚至还能对自己产生的思考进行反思，就像对照镜子审视自己一样。

所以，某些人看到排长队的餐厅，会思考到底是不是店家专门雇人营造门庭若市的感觉，遇到别人投怀送抱，也会冷静想想对方是不是有什么企图。

爬行动物脑和智人脑的存在都有各自的意义，这样的组合可以帮助大脑在绝大部分时间、绝大多数情况下很好地节省能量，又有机会在决定性时刻做出理性正确的选择。

从“成本”角度看，虽然大脑的重量只占成年人体重的 2% ～ 3%，但消耗的能量却占总体的 20% ～ 25%。如果人一直深度思考，智人脑一直在工作，大脑很快就会疲劳，人会感觉吃不消。况且，人生中有很多问题不需要那么精细和深刻，模糊的正确或采用经验主义就够了。

智人脑的工作目标是通过深度思考把重大的问题想清楚，还包括在潜意识里留下像理想这样的“深刻印记”，让爬行动物脑之后面对诸多抉择的时候，可以把它更多调用出来，贯彻和影响到人的方方面面。

理想这种深刻印记对创业者非常重要，因为在那些重要的决策时刻，我们往往没有掌握多么充分的信息，也没有绝对的成功把握，还会面对短期利益的诱惑、爬行动物脑的情绪干扰，却能跟随自己内心深处的感受，做出与常人所不同的决定，其实是因为我们在这之前已经深度思考了很多事情，也通过智人脑在潜意识里留下了很多深刻印记。

理想就是智人脑经过长期实践行动、反复深度思考后产生的深刻印记，可能一开始是模模糊糊的，经过诸多历练后，在某些事件和时刻触发了，得到清晰地勾勒和确定。理想确定之后，人在方向上不会那么迷茫，剩下只是要想清楚具体做哪些事情。换而言之，理想解答了“为什么做”的疑问，之后的思考都是围绕“怎么去做”来展开的。

创立“煲仔皇”的这一年，我 35 岁。唐代诗人杜甫曾写下诗句:“人生七十古来稀。”就算以现代人的寿命长度和生活品质来看，再过 35 年就步入晚年了。我那时候最强烈的一个想法就是，必须好好珍惜接下来的 35 年，才不枉费来过这个世界一趟。

古人提倡做人要“修身、齐家、治国、平天下”，“修身、齐家”不能算理想，“治国、平天下”则可称为理想。中国哲学里对“立志”的要求也比较高，唯有树立对大多数人有益、对社会有价值的理想，才能称得上“立志”。

“打造让世界尊敬的餐饮企业！”这真的是从心底迸发出来的一句话，因为如果用逻辑推理的话，2012 年的时候，连一家“煲仔皇”餐厅都还没开出来，我就谈品牌、谈世界、谈尊敬，估计别人都把我当傻子看。还是要很感谢当时加入的那些老员工和投资人，他们很宽容，没把我这个傻子给轰出去。

餐饮行业里瞄准世界级企业去创业的人太少了，恐怕连想的人都少，更别说坚持想并且一直做的人。这两者之间差得太远了，一端是开一家小小的煲仔饭餐厅，另一端是打造令世界尊敬的餐饮企业；但我觉得，这是从自己内心迸发出来的念头，特别有精神力量，特别适合自己。

理想的传播和落地也是一大难事，就算是最早加入的小伙伴，对创始人的理想也有理解不透彻或者将信将疑的地方，我得让他们深刻理解和坚决执行，他们才能帮忙一起实现理想。于是，从创立“煲仔皇”的那一刻开始，我就非常努力地把自己的理想进行拆解和分享。

我的理想可以拆解为五个部分：从人的角度，团队要有利他的正念；从企业角度，拥有好的商业模式，盈利水平行业领先；从行业角度，推动行业进步；从精神角度，要激发人们的善意；从社会角度，要为人类可持续发展贡献力量。

第一，内心有正念，做人做事才会有强大的、正确的动力。正念的含义里有很多内容，最核心的是利他。

利他才能有机会长久赚钱，只顾着利己是会被人唾弃的。赚钱的企业会被人羡慕，而一家受人尊敬的企业不能只顾着赚钱，还得让员工、客户、合作伙伴乃至社会各界都获得价值，别人才会从心底里产生尊敬，也唯有利他才能最大化地激发人的善意。

第二，企业不是公益组织，必须考虑生存和盈利，拥有好的商业模式、形成一定的经营规模、达到良好的盈利水平是得到别人尊敬的必要因素。

如果只谈正念善意，却经营不善，一直亏损，是很难让人信服的，所以，在商必须言商，完全可以正大光明地追求盈利。

美国知名超市品牌“开市客”（Costco）是世界前五大零售商，会员人数超过1亿人，几乎所有人都知道开市客最主要的盈利来源是会员费，占其营业利润大约70%。之所以能够让数量如此庞大的会员年复一年续费，因为“开市客”总是千方百计地让会员在消费上省钱。“开市客”有一个“14%铁律”，即要求所有商品的毛利不超过14%，如果高于14%，就要经过CEO或董事会批准。

“开市客”对盈利模式的理解非常深刻，也具有正念：企业要帮助消费者获得性价比高且有品质的商品。只有这样做，消费者才愿意付会员费，下一年才会续费。从这个角度看，“开市客”更像一个深受会员信任的、供应链能力强大的买手。

从2001年到2021年的20年间，“开市客”的营业收入的复合增长率为8.96%，同期的营业利润从未发生过亏损，仅在2008年金融危机的前后有过同比下降，这已经是非常优秀的经营表现。

根据马鲁民意调查公司（Maru Public Opinion）进行的“加拿大最受尊敬奖”（Canada's Most Respected Awards Program）的调查显示，2022—2023年处于通货膨胀的经济周期，很多人难以负担日渐高昂的生活费用，但“开市客”依然在此奖项排名中拔得头筹，说明其深受消费者喜爱。

把上述的经营数据和社会奖项合在一起看，印证了盈利良好和受人尊敬并不是鱼与熊掌不可兼得的矛盾关系。

第三，评价企业是否优秀、是否值得尊敬，不能只从自己一家的角度来看，还要看是否能对所在行业带来正面的影响。

古人说："一花独放不是春，万紫千红春满园。"促进人才发展，提高品质标准，分享成功经验，升级行业格局……这些都是一家受人尊敬的企业所应该努力的方向。

"麦当劳"非常重视人才培养，已经在9个国家（包括中国）设立"汉堡大学"，是最早一批设立企业大学的世界500强餐饮企业。中国很多的餐饮企业里都有曾经在"麦当劳"工作过的人员，还有很多人创业前在"麦当劳"任职过，所以如果把"麦当劳"称为"餐饮行业的黄埔军校，"一点儿都不为过。

在2020年至2022年，餐饮业遭受新冠疫情的严重影响，"麦当劳"依然投入超过1亿元，联合100多所职业学校，在全国推行"现代学徒制"教育模式，分享自己成熟的餐厅运营管理理念，提供领导力发展培训课程，帮助超过10000名年轻人提升就业能力。

很多以连锁模式发展业务的企业都会想招聘在"麦当劳"工作过的人，尤其是有一定经验和成绩的管理人员，除了认可他们的专业能力和经验，还有很重要的一个原因就是品德和素质比较好。

我认识很多从"麦当劳"出来的人，令我很惊讶的是，不仅没有一个人说"麦当劳"坏话，他们还很乐意把自己在"麦当劳"学到的东西分享给大家，帮助其他企业学习和发展。

第四，不要只顾着满足欲望，要更多激发自己和别人的善意。

很多人做生意、搞营销都是从欲望入手，通过刺激欲望，然后获得客户的购买消费，最终获利。而有正念的企业应该首先激发人们的善意，善意被激发出来之后，品牌自然受人尊敬，购买也是顺理成章的事情。

我很喜欢"可口可乐"这个百年品牌，重要原因就是它一路历经波折但能坚守正念和激发善意。

在 2011 年美国超级碗赛事期间，“可口可乐”推出一个极有创意的广告片。故事发生在尘土飞扬的两国边境线上，两名士兵各自守护着自己国家的土地，恪守职责地来回巡逻，一开始的气氛是剑拔弩张，当出现一张被风吹过边境的纸片，也要用刺刀戳着甩回去。

在炎热的天气下，其中一名瘦士兵打开了冰镇的可口可乐，边境对面的胖士兵看到了十分羡慕。瘦士兵虽然想分享，但双方都不能越界，一时之间有点儿僵住。

瘦士兵灵机一动，把可乐放在靠近对方边境的地上，用佩刀顺着边界划了一道弧线，表示这瓶可乐可以是在对方境内的。胖士兵心领神会，伸出脚把原来的直线抹掉，跟对方画的弧线连成了新的边界线，然后拿起可乐欣然喝下。

两人互相微笑致意，胖士兵在最后又拿出佩刀，在地上重新划了直线，让边界恢复原状，两人就像什么都没发生过一样，继续巡逻。

这个广告全程没有一句台词，只靠人物的面部表情和肢体语言来表达主题——喜欢“可口可乐”的人不分国界。这样的价值观是带有正念的，很好地激发了人们的善意，也让“可口可乐”成为百年不衰的超级品牌。

第五，企业获得的利润、人才和资源都是来自于社会，所以也应该回馈社会，要为子孙后代多着想，要为社会的可持续发展贡献力量。

很多人都知道麦当劳叔叔是“麦当劳”公司一个重要的品牌形象，但可能没多少人知道“麦当劳叔叔之家”，它是麦当劳中国和中国宋庆龄基金会在 2006 年开始合作的一个项目，设立了专项基金，为异地就医的贫困患儿家庭提供医院旁的免费住所和关爱服务。

目前设立在湖南省儿童医院、上海儿童医学中心、北京儿童医院附近的 3 所“麦当劳叔叔之家”，已经为众多患者家庭提供数万个安睡的夜晚，让他们节省了上千万元的费用开支。“麦当劳”在全球 45 个国家一共设立了 370 多个“麦当劳叔叔之家”，虽然在中国的数量还不算多，但依然要为其付出的资金、时间和服务表示敬佩。

谈到可持续发展，餐饮企业光在节能环保上就能做很多事情，例如提高设备的热转化效率，减少或停止使用塑料制品，改用更容易降解的材料。

“麦当劳”很早就在食品包装上不断减塑、降塑和去塑，例如把不可降解的塑料吸管全数淘汰，使用材质更环保的吸管，也采用了无需吸管的杯盖，还实现了 100% 采用经森林管理委员会（Forest Stewardship Council）认证的原纸，以支持可持续的森林管理。

在拆解理想的过程中，自身保持正念是一切的核心，也是最好的出发点。因为有了正念，自然就会想到利他，就能激发自己和别人的善意，就会得到客户认可，收入和盈利随之上升，企业做出一定成绩后，成为行业领头羊，有机会带动整个行业的革新和发展，承担起对社会的更多责任。

2014 年，“可口可乐”公司在迪拜做了一件事情，充分地诠释了上述逻辑的几个方面。他们设计了“hello happiness”（你好，快乐）电话亭，投进一个可乐瓶盖，就可以通话 3 分钟。

这件事情的背景源于迪拜有很多来自南亚的工人，他们都有打电话回家的需求。这些工人平均每天收入只有 6 美元，可是打电话环境好的时候，坚持理想并不难，环境差的时候，还能这么做，就显得特别突出，别人也更容易记得。

回家每分钟要花大约 0.91 美元。出于节约的想法，思乡情切的他们都不舍得打电话。

了解到这个情况之后，“可口可乐”公司推出了一款新颖的电话亭，投放到这些工人生活的区域，每一个可乐瓶盖都能让他们免费打上 3 分钟电话，跟家人一诉衷肠。

快乐是每一瓶“可口可乐”，也是每一个打回家的电话。可口可乐的广告语体现了他们的正念，是对漂泊异乡的打工人的一种人文关怀，也因此激发了大家的善意，不仅能带动销量，也巩固了“可口可乐”行业领先者的品牌地位，还为可持续发展做出了一定的贡献。

保持正念是很值得尊敬的，但真正做起来是很有挑战的，很多创业者都在抱怨竞争越来越激烈，甚至为了生存不得不使出下策。但如果换个角度来思考，这正好是一个难得的机会，环境好的时候，坚持理想并不难，环境差的时候，还能这么做，就显得特别突出，别人也更容易记得。

创业也好，做人也罢，越困难越要坚持正念，越要贯彻正确的价值观。理想是最高的动机，是指导所有选择的最高原则，它包含创业者对商业和物质的诉求，也体现创业者对精神、对人文、对社会的深度思考和选择取舍。

第7节 不内耗的秘诀：人生大事符合大数定律

不管个人，还是企业，要想走得远、走得好，都得拥有很强的精神力量。人们常说“心力”，就是在内心和精神上用来思考、感知和应对各种困难挑战的能力。企业可以视作创业者个人的外化存在，创业者的心力也就随之灌注到企业里面，使得企业也变得像一个人，鲜活而富有力量。

心力，顾名思义是源于内心的，不是靠外界环境提供能量，创业者的心力也不是靠钱堆出来的，而是来自理想，理想又源于价值观。这就能解释很多优秀的创业者在一开始资源那么匮乏的状态下，依然乐观积极，依然坚韧不拔，就是因为他们的能量来自内心，而不是外界。

在创立“煲仔皇”之前，我总感到自己心力不足，具体表现就是常常指责别人做的跟自己想的不一样，抱怨自己不被别人理解，苦恼怎么总有糟糕的事情发生在自己身上和企业里面。

幸好我还是有一个大致的目标，就是要把自己这辈子活明白，我不想活得浑浑噩噩，也不想活得乱七八糟。当我哪天离开这个世界，如果还能留下一个作品，可能就是我创办的企业。从这个逻辑来看，我得把内心的理想通过企业外化呈现出来，企业完全有机会比创始人存在的时间更久，可以帮助和影响更多人。

经历过赚快钱失败等挫折，在创立“煲仔皇”

的时候，关于如何设立理想、如何梳理价值观，我当时问了自己很多问题，从“内心第一性”来思考和行动。内心第一性不是什么复杂的理论，其实就是倾听和遵循自己内心深处最诚实的声音。

先说“内心深处”，指的是不断往下深挖，确认这是不是完全源于自己真我的声音，而不是受周围环境影响、受利害关系左右、受经验惯性带动的声音。问的时候要拿掉很多外在的条件，比如“如果别人不支持，我还做不做这个事情？”。

再说“最诚实”，指自己的确是这么想的，或真想这么做的，而不是为了向别人解释、求得社会理解、与环境趋同而做的决定。为了检验，不妨假设着把时间往前或往后推移，例如“回到十年前”“如果人生还剩下一年”，看看自己是否依然做这样的选择，或者不后悔这样的选择。

聆听自己内心深处最诚实的声音，在顺境时候是很难判别的，因为那个情况对自己不是真正的考验。例如，当企业经营收入和盈利都不错的时候，拿一些钱出来回馈社会或者感谢员工，这做起来比较轻松。在个人经济条件不好、企业经营也处于低谷甚至亏损的时候，还能这么做的人就非常少了。

价值观最应该在逆境的时候去验证，如果反复验证之后，自己的确是这么想，也这么做，而且还不后悔的话，那很有可能就找到了自己的“内心第一性”，也就是自己的价值观。

价值观听上去很大，实际上无非是为人处世的一个个原则的组合。

例如，我从小做人有一个原则，就是不让别人难堪。可能我就是别人常说的老好人、老实人，特别容易吃亏，但我这么想这么做，就特别舒服。当然，别人也未必要故意占我便宜，可能他们就是这么一个相处方式、合作模式。

我从小和别人出去吃饭，不管是和同学还是和朋友，基本是我付钱。其实，我不富裕，事先也没说好由我付钱，但我确实觉得自己可以为别人付钱，尤其当看出来对方不想付钱的时候，我会更主动。

又例如，别人来商量事情，吃顿饭，喝个茶，但后来没下文，钱是我付的，时间也花出去了；别人提出合伙做生意，后来突然想法改了，或者情况变了，最后留下我一个人单干。

我创业有过“净身出户”，投资项目也有亏钱的，但都没把结局弄得难堪。如果这些事情再发生一次，可能处理起来会比以前谨慎一些，但在大方向上的选择依然一样，就是在力所能及的范围里不让别人难堪。

这是我反复确认过的、内心深处最诚实的声音，也唯有这样，才让自己经历这些事情之后，内心一点儿都不憋屈。如果一定要从逻辑上解释，我觉得是大数定律，我认为人生大事都遵循大数定律。

大数定律是概率论里的一个重要定理，由瑞士数学家雅各布·伯努利（Jakob Bernoulli）提出：在试验条件不变的情况下，重复试验多次，随机事件的实际频率会趋近于它的理论概率。

这可以简单理解为：大量偶然中包含着某种必然。例如抛硬币，如果偶尔抛十次八次，可能连续好几次都是同一面朝上，但如果抛成千上万次，正面朝上和反面朝上的次数都无限趋近于 50%。

看似随机的各种事件，只要放在足够多的、重复出现的基础上，就会呈现出几乎必然的规律，这不就是我们的人生吗？我们可能在一天里会连续遇到几个坏人，但不可能在一生中的每一天都这么倒霉。只要我们遇到的人足够多，好人坏人的出现概率就是一个比较恒定的比例，趋近于整个世界上好人坏人的比例。

按照大数定律，我们肯定会遇到好人，也肯定会遇到坏人。虽然无法避开坏人，不知道先遇到多少个坏人才等到一个好人，也不知道好人是在具体什么时间和什么场合出现，但如果一位有能量的好人在关键时候帮上一把，可能就会让我们的人生上升一个大台阶。

我们要注意的是需要积累经验，尽早分辨出坏人，尽量减轻负面影响，尽一切可能让自己存活得久一些，能等到好人好事来的那天。

在鲁迅写的《阿Q正传》里，主人公阿Q是一个依靠精神胜利法而活着的悲剧性小人物，我也有那么一点儿阿Q精神，我甚至愿意接受一个结果：坏人在别人那里骗走了10块钱，在我这里只骗走了5块钱，我就觉得自己赚了，因为被骗的钱低于平均值。

在长久的人生里，在社会的趋势上，我坚定地相信好人比坏人多，而且，是多很多的那种多。所以，我始终愿意去理解别人，在力所能及的范围里，不让别人难堪。

在创业发展中，很多资源是别人主动介绍给我的，因为对方觉得我这人还不错，做事认真靠谱，企业运营也有章法。这点在“煲仔皇”融资过程里体现得非常明显，一开始是个人来投资，后来是机构来投资，而且，资金规模越来越大，水平级别越来越高。

投资人在做决策之前，都花过很多时间和精力去了解创始人，在餐饮行业圈子里做背景调研，当他们发现大家都说煲哥这人不错，口碑很好，那投资“煲仔皇”的概率就大很多。

我一直劝你
骑驴找马换行当，
结果你
硬生生把驴
骑成了马。

不让人难堪，这是一个非常朴素的想法，说出来一点儿都不高大上，但确实是遵从自己内心的想法，于是成为了我的做人原则。很多条这样的做人原则汇聚成我的价值观。这样的价值观放到企业层面，以及古人说的立志层面，要考虑社会价值的时候，我就想到“受人尊敬”这样的创业理想。

要受人尊敬是很不容易的，得做很多事情，提供很多价值，在顺境、逆境都要保持一致，不断树立典范，领先同行，超出期待。或许在结果上一直做不到，但在方向上十分明确，在精神上很有力量，这样就能推动自己不断接近理想。

这也解释了为什么“煲仔皇”创立头八年都没盈利，但我做事情总是乐呵呵的，团队也受我影响而十分积极。别人站在煲仔皇外面来看，头八年真是又苦又累，这群人真是又笨又傻。

我不是没能力做其他更赚钱的事情，但就愿意为理想而死磕，不管是死磕单店模型，还是死磕连锁标准化，又或是小到一个砂锅、一个炉子该怎么定制，都愿意死磕。

在八年之后，“煲仔皇”终于盈利了，门店也发展到了 100 多家。有一个朋友调侃我：“我一直劝你骑驴找马换行当，结果你硬生生把驴骑成了马。”我觉得，这样的调侃背后其实是一种认同。原本没有外部认同的时候，我也很坚定。其实，我自己对外部认同是比较淡然的，因为我知道自己为什么要做这个事情，而外部认同对我们团队的其他伙伴可能更重要。

“煲仔皇”的团队从一开始就很相信我，但创始人再坚定，毕竟也只是一个人，不能跟外界的支持画等号，现在外界的赞赏和信任都有了，团队就更笃定和积极了。

当创始人每次都用理想去做重要决策的时候，就会把团队也带动起来，久而久之，团队也会用同样的标准去判断和选择。创始人的个人价值观就是通过这样的途径，逐渐传递到企业每一个员工，然后到合作伙伴，再到社会上。这就是心力和理想的外化影响。

第8节

徐小平吃了这辈子最贵的煲仔饭

佛家有一个理念叫：“一念成佛，一念成魔。”意思是，一个念头的改变，就足以让人在佛和魔之间完成转变，也就是善和恶的转变。佛家还有“佛是过来人，人是未来佛”的说法，也指出了两者之间存在转变的关系。

其实，这里面并没有宗教信仰的成分，而是在告诫世人一个大道至简的原则：不要把做好事看得太高尚、太艰难、太复杂，时时刻刻想，踏踏实实做，就是最好的。

有不少人觉得理想都是成功人士才能谈的，或者是成功之后才有能力去行善。还有很多人觉得利他是伪善之谈，谁的创业不是想干点儿好事，谁的初心不是善意满满，只不过在过程中受环境所迫、被形势所逼，很多事情是不得而为之。

客观来说，创业初期谈理想的确是一件很奢侈的事情，面对生活的不堪、眼前的苟且、匮乏的资源、稀少的机会，迫于无奈只可能用尽一切办法先活下来再说。例如，先讨好客户，至少把这个订单拿下，企业的现金流就会好一些，不至于下个月发不出工资。

这种情况很正常，毕竟，生存是基本底线，谁都会有不得而为之的时候；但是，不能坦然为之，更不能长期为之。如果老这样做，那就是在骗自己，也在骗别人。

以企业融资为例，如果创始人有足够的钱就不需要融资了，融资一定是因为自己的钱不够，所以很多初创企业都会融资，才能保证自己更好地生存下来。创立“煲仔皇”的时候，我身上也没多少钱，“煲仔皇”头几家店的资金都是通过债权或股权方式从身边朋友融过来的。

这么多资金进来之后，要说完全没有诱惑，那是不可能的，我不能保证花的每一分钱都效率高，都赚到钱，也不能保证不亏钱，但我已经把自己的理想想得很清楚，所以我就一直把钱全都用在跟企业发展有关联的地方。每一次的选择都被投资人和团队看在眼里，时间久了，他们对我也积累了很多的信任和信心。

坚持理想、保持正念是一件正确但困难的事情，创业者有什么方法可以一直坚持呢？可以用一个跨界的比喻来回答。

我曾经参加一个人工智能（Artificial Intelligence，简称 AI）的论坛，其中有一个讨论非常激烈的话题，是关于“AI 会否毁灭人类”，或者说“AI 会否产生毁灭人类的想法”。

为了快速理解这个话题，可以简单地把 AI 拆解成三个关键要素：第一个是数据，要收集持续的、足够的数据，提供给 AI 进行分析和学习。第二个是算力，要有强大的计算能力可以支持 AI 运行。第三个是算法，要设计出一套逻辑或者一个模型去处理数据，然后输出结论，这个结论在一开始可能是有瑕疵的，要通过贝叶斯公式所说的“后验校准先验”的原理来不断修正结论。

如果要保证 AI 不毁灭人类，那得在上述三个要素里怎么操作呢？很显然，数据是无穷无尽的，其中必然有一些数据是包含毁灭人类的信息。例如，人类世界里有人际冲突，有杀人事件，有死刑案件，还有战争，等等。算力，似乎和毁灭不毁灭没什么直接关系，不能说算力低就算不出来毁灭，算力高就会算出来毁灭。最关键的应该是算法，因为这里面包含了AI采用什么逻辑去处理数据，然后得出相应的结论。

那人们完全可以在先验概念里设定“不能毁灭人类”，这就比较安全了，但如果后验结论里遇到很多“应该毁灭人类”的概念，还是很令人担心。这个时候，问题的关键就是AI在现实世界里所遇到的数据，到底是毁灭占多数，还是不毁灭占多数，如果这些数据是足够充分和全面的，这就又遵循之前所说的大数定律。

回归到创业，把算法放到个人来类比，就是人的价值观，就是人的理想，因为创业者会用自己的价值观去分析各种信息，然后得出结论，并采取行动。

作为一个个人，先验非常重要，这是我们对自己的一个初始设定，这完全由我们自己来决定。自己愿意设定为善念，那就是善念，自己愿意设定为恶念，那就是恶念。

作为一个个人，能否决定后验？很显然，不能，因为这是外部因素，别人对我们的反馈是善是恶，不能由我们直接决定。当然，这个结果依然符合大数定律，也就是如果世界上好人居多，那我们得到善的反馈就占多数，如果世界上坏人居多，那我们得到恶的反馈就占多数。总而言之，外部因素轮不到我们来操心。

数据是我们每天所接收到的信息、所接触到的人、所经历的事情。当我们看100本书，聊1000个人，做上万次尝试，都是在增加我们的认知和经验，所以，脚踏实地多做事情，多接触好的知识和人，肯定没坏处。

算力是我们的精力、时间和资源。要增强算力，那就是关注健康，保持充沛的精力，管理好时间，调配好资源。

AI 是人类设计和发明出来的产物，它的逻辑架构就跟人类自己的逻辑架构一样，每个人在成长中形成了各自的价值观（算法），也有各自的时间、精力和资源（算力），通过学习、交流和做事（数据）进行分析，得出结论，付诸行动，然后不断进行调整和修正，如此循环往复。

AI 可以循环训练很多次，但创业是一场以资源匮乏开场的游戏，留给创业者犯错的空间和时间真的不多，怎么能提高自己的胜率呢？而且这样的匮乏也会延续到之后的很多阶段，想要在每场游戏都胜出，几乎是不可能完成的任务。

然而，创业者有一种更现实也更聪明的做法，就是看透事物本质，抓住关键要素。每次都集中精力在一个关键点上，倾注足够的力量，一口气打通一小关，局面就打开了。

例如，在“煲仔皇”，做好一锅煲仔饭就是产品端最核心的功课，打造一个好的门店模型就是做连锁最重要的基础，为下一步发展找到投资人就是资金端最关键的要素。

接下来，继续用 AI 和创业做一系列的类比。

在“数据”方面，大量的阅读、持续的学习、长期的实践、不断的碰撞，都能帮助人们获得大量有用的数据，最终成为某个领域的专家，但归根结底，人不可能面面俱到，也不可能在创业的每一个方面都成为最强者。创业者通常让自己抓住一两个核心数据就很厉害了，可能是资金，可能是技术，也可能是人才，确保自己在核心数据上有足够的积累，有洞察力和竞争力，其他的事情可以交给更为专业的人去负责。

在“算力”方面，最核心的是精力和时间，还有团队和组织的分工协助。从个人角度看，老天爷似乎对每个人都很公平，不管男女老少、高矮胖瘦、贫富贵贱，每天都只拥有24小时，但不同的精力管理和时间管理让事情产生天壤之别的结果。创业者有没有把有限的时间和精力放在最重要的事情上，决定了算力的运用效率能不能最大化。

想提高算力，一是让自己尽可能拥有充足的时间和精力，二是学会分辨和筛选哪些是重要的事情。每个人的能力都是有限的，不可能掌握海量的数据，不可能拥有无上限的算力。认识到这个客观情况后，就要求创业者必须把价值观、理想和事业结合起来，找出最能促进创业的核心事务，然后把时间和精力倾注进去，从而获得更大的胜算。

在“算法”方面，源于个人价值观、有正念的理想可谓是创业者最强大的升维优势。创业者要打造和确立自己充满正念的理想，然后把心力和时间都倾注进去，和那些同道中人找到同频共振的机会，也就能获得更多的资源和支持，从而在这点上得到比别人都高的势能，势能高了就容易形成了降维打击。

以融资为例，在投资人面前，创业者在很多方面都处于劣势。资金比对方少就不用说了，这是天生的，人家就是专门募了那么多钱来做投资的，创业的人就是因为自己没钱，才会找投资人。而且人家天天在干这个事情，很懂财报、数据和模型，对协议条款、法律知识、风险防范都有很多积累，还有很多人脉资源。

我在自己的专业领域上有一些实践积累，可能是我小小的优势，但这还不够。与其花力气把自己和公司包装得很好，还不如真诚一点儿，真诚乍看上去有点儿傻，但对高手来说，反而是成本最低的合作方式。所以，“煲仔皇”融资就没用过财务顾问，我都是自己对接投资人，除了讲公司情况和数据，剩下的时间全都是分享我的创业理想，分享我对未来的规划。

在“煲仔皇”的融资过程中，第一家机构投资者是真格基金，当时的主要决策人是基金的创始人徐小平老师。大家都习惯尊称徐小平为老师，因为他在人生阅历、创业经历、企业规模、人脉资源、投资眼光等方面都非常值得学习。

徐小平投资战绩硕果累累，光是成功上市的公司就有很多，包括禾赛科技、格灵深瞳、水滴、逸仙电商、优客工场、亿航智能、老虎证券、牛电科技、51Talk、聚美优品、兰亭集势、世纪佳缘，等等。徐小平也是各大媒体和咨询机构所评选的天使投资榜单上的常客。在创办真格基金之前，他是著名教育培训机构“新东方”的联合创始人，与俞敏洪、王强并称为新东方“三驾马车”。

在徐小平这样的大咖投资人面前，我最能跟他同频共振的就是自己的创业理想，而当时帮忙牵线搭桥的介绍人也是因为认可我个人价值观而结交的好朋友——“霸蛮米粉”创始人张天一。

张天一是湖南人，90 后，北京大学法学硕士，2014 年，即将毕业的时候，选择在北京国贸开了一家名为“伏牛堂”的米粉店，开始自己的餐饮创业之路。之后，在徐小平的指点和支持下，张天一通过“连锁 + 电商”的餐饮经营模式创立了新品牌“霸蛮”，让湖南米粉这个传统美食受到越来越多人的欢迎。

“餐饮 + 互联网”这个概念盛极一时，但只要做实体餐饮，互联网人有很多线下问题还是绕不开的，例如选址、装修、采购、品控、组织，等等。张天一知道我是个餐饮老兵，就经常来交流，我也乐意倾囊相授，尽可能地提供经验和建议。久而久之，张天一非常认同我的价值观和创业理想。

当“煲仔皇”需要找机构融资的时候，我第一时间想到了张天一和徐小平。只要是投资机构，就都有资金，但不是每一家投资机构都跟创始人有同样的价值观，都能理解其理想，而我认为他俩跟自己是同道中人。

虽然当时我和徐小平老师素未谋面，但我很早就关注投资界的人物动态。其实，徐小平老师曾经很多次讲过类似的观点，他投的那些企业也是有类似的理想愿景。

徐小平曾经说过：“什么是成功？就投资而言，成功在于创造高回报率；就企业而言，成功在于创造更高的利润和更好的就业；就人生而言，成功在于你自己内心深处得到满足。‘采菊东篱下，悠然见南山’流传千古，就因为它表达了一个退隐田园者人生的最高境界。成功当然需要一定物质基础，否则，你采菊就是偷摘，就不可能悠然。”

他还说过：“创业者是永远不会失败的，除非他放弃或消失。否则，你可以奋斗、失败、再奋斗、再失败——直至成功！一次性成功当然最好，但即使乔布斯，也曾经被他自己创建的‘苹果’开除过。做事可以失败，做人不能失败。只要做人不失败，你的亲友、同事、投资人，还会陪着你走下去直至成功。”

徐小平的这些理念和论点都跟我的价值观很一致，于是，我马上找张天一讲了想法和目的。张天一也是一个非常爽快的人，没过多久就帮忙写好了推荐语，发给徐小平。

做事
可以失败，
做人
不能失败。

作为一个知名的投资机构，真格基金每天都能收到很多的商业计划书，这些创业者都有同一个诉求，就是希望得到股权融资的机会，但投资机构的回复往往是寥寥无几，更别说当面跟创业者仔细交流，而我却因为好朋友的推荐，快速得到与徐小平面对面沟通的机会。

我记得当时去了徐小平老师在国贸附近的家里。一开始，他的一位同事也在，后来，主要就我和他两个人在聊。我讲了自己的创业经历、对餐饮的理解、对未来的规划、对投资的诉求，但最主要还是讲我创业的理想、理念、价值观。徐小平听了这些，感觉挺高兴的，问了我不少问题，我俩聊了整整一个下午。

当徐小平提出想去“煲仔皇”门店看看，正好也快到晚饭的时候了，我说，离这不远就有一家门店，要不，晚饭就到这家店里吃吧。于是，我带着徐小平在前店后厨都转了一圈，现场讲解制作煲仔饭的标准流程，包括原料采购、设备供应、操作流程、品质控制、人员管理、成本开销，等等。

徐小平问：“公司估值多少？”

我说：“6000 万元。”

徐小平追问：“美元吗？”

我回答：“人民币。”

从那一刻开始，我就感觉到这次融资有戏了，因为徐小平内心的第一反应似乎是美元级别的估值，那么更显得自己的报价很有吸引力了。

可能有些人会觉得这是不是定价太低了，但我一点儿都不后悔，因为如果每一步估值都设得很高，资本要承担更大的风险，就会反复衡量，本质上也是一种尴尬。“不让别人尴尬”是我一直秉持的朴素的价值观，要是别人尴尬了，多半也就不投资了，对实现自己的理想会造成障碍。

所以，我在当时虽然感觉到徐小平的兴趣已经很大，但没有临时抬价，而是做出了非常真诚的回答。这样的回答不是急中生智，是长期以来建立的价值观促使做出的本能反应，也是和个人理想一脉相承的表达。

在之后相当长一段时间里，当别人问及这次投资的细节，我都是一句带过，说："我带徐老师到店里吃了一顿煲仔饭，他就投了。"当别人追问："哪有那么简单！"我就用带一点儿痞气的口吻回答："可能我长得比较正点吧！"

那时候，"煲仔皇"只有13家门店，如果跟理想目标相比，真的只能说是刚刚出发的状态。其实，我开这个玩笑的背后，有一个很认真的含义，就是"煲仔皇"还有很多路要走，远远没达到完美、厉害的程度。徐小平老师吃完这顿煲仔饭，用6000万元人民币的估值为我买单，可以说是他有生以来吃过的最贵的一锅煲仔饭，以此来激励我好好干下去。这件事情很正点。

第9节 让努力配得上理想

被真格基金投资之后，大家好像在一夜之间就对我和“煲仔皇”刮目相看了，我之前谈了那么久的理想也不再被人说是吹牛，但是我自己很清醒，投之前的一天和投之后的一天，对踏实做事的人来说，没什么区别。如果没有之前这些年的努力，也成就不了我和徐小平老师的那一顿饭，如果没有那一顿饭之后的继续努力，那13家店也不会变成后来的100家、200家。

仰望星空，脚踏实地；抬头看路，埋头赶路。要厘清理想和努力之间的逻辑关系，这两句话或许是最恰当的。理想是让内心不迷茫、努力不白费、走路不跑偏，努力是让理想被证明、被实践、被传递的必要手段。

事业和人生都不是一战定江山的，也不是设定好一个理想就一帆风顺，可以等着贵人找上门，可以等着好事自然来。一点和一时的努力是远远不够的，要各个重要的方面都做到真正的努力。

我自创业起就很喜欢研究“麦当劳”，坐在“麦当劳”餐厅里面琢磨一整天都不嫌累。例如，在餐厅装修方面，当时拿不到内部运营资料，只能靠自己的五感去体会，为什么照明要选格栅灯，为什么天花板要用矿棉板，为什么地上要用木纹砖，为什么空调风口要这个朝向，餐厅走动路线有什么讲究，等等。

仰望星空，
脚踏实地；
抬头看路，
埋头赶路。

后来，自己开餐厅的时候，我先学着模仿，请教餐饮同行和装修公司，逢人就问，到处请教，才逐渐搞懂：格栅灯是有角度的，属于重点照明，照明效果是中间亮，向两边逐渐变暗，对食物的表现效果比较好，而泛光灯的角度是平铺，属于基础照明，主要为了满足整个空间的亮度需求。快餐环境比较嘈杂，矿棉板的主要作用是吸音，不让声音产生太多反射。“麦当劳”是顾客自取的快餐形式，食物里一般有饮料，万一打翻洒在地上，木纹砖的防滑功能就能发挥作用。空调的走向和布局要考虑顾客体验，还要降低能耗。顾客动线要安排得合理，才能让点餐、取餐、进门、出门的各个环节不发生冲突，用餐区的体验也会更好……

虽然随着时间的推移，这些具体的事物、材料、工艺绝大部分都已经发生了变化，甚至被淘汰，但凭借当年的努力琢磨和不懈学习，让我对餐厅装修建立了扎实的认知基础，掌握了很多基本原理。以至于有些曾任职“麦当劳”的人在听了我对“麦当劳”的分析后，问我是不是在“麦当劳”工作过。我回答：“没工作过一天，我只是很开心地在里面看了很久。”

“麦当劳”公司的创始人雷蒙·克罗克（Raymond Kroc）最喜爱的座右铭是：世界上没有东西可以取代坚持（Nothing in the world can take the place of persistence）。他认为“才华”不能取代坚持，才华横溢却一事无成的人比比皆是；“教育”也不能取代坚持，受过教育而没有饭碗的人并不少见；唯有下定决心且坚持不懈，付出一生的努力，才是无坚不摧的。

在被总部老员工调侃“不见天日的八年”里，我除了帮助大家朝着理想“抬头看路”，自己也在努力“埋头赶路”。例如，花了大量的时间和精力去研发门店模型，坚持不懈地整理工作手册。做“一品三笑”的时候，我就已经有这样的工作习惯，那时候的手册全都是用手写，我足足写了十几本工作笔记。

当“煲仔皇”门店发展到几十、上百家之后，就肯定不能靠师傅带徒弟的模式去做长期且精细化的管理，而是要靠过去的点点滴滴所积累而成的工作手册、培训系统和管理体系。不是靠乱拍脑袋的急中生智，也不是靠拿来主义的东搬西抄，全都得靠持之以恒的长期积累沉淀。

脱离努力去谈再大的梦想，都是空中楼阁，经不起考验，也不会得到认可。回想当时和徐小平的见面，在我讲完一番理想和抱负之后，徐小平在当天下午就去餐厅做考察，我在现场为他讲解商业模式，演示门店运营的各个环节，如果哪个环节在当时出了状况，考察效果就会大打折扣。徐小平还问了很多问题，如果之前我的功课没做足，基础没打牢，其中有一些回答不上来，他的信任程度就会一落千丈。

没掉链子不是因为运气好，而是我做了很多年餐饮，亲身经历了行业的起起伏伏，死磕过单店模型，搭建过供应链，锻炼过连锁管理，亲手组建并培养了团队，跟各种各样的人谈过融资。这些长久的努力汇聚起来，支撑了每一个重要时刻。

基于理想的努力及其长期积累的成果将会反哺理想，为理想提供扎实的支持。回想“煲仔皇”的每一次融资、每一次变革、每一次取舍，都是为了更好地实现理想而做出的选择，在选择的前、中、后，努力都没有停歇过。“煲仔皇”有走过弯路，甚至好几次已经面临绝境，但都咬牙坚持走出来了。与其感谢所谓的奇迹，不如说我们是有理想、很努力的一群人吧。

在痛苦困惑的时候，我最喜欢研究的一个名人是王阳明。王阳明心学的三大核心理念是心即理、致良知、知行合一。知行合一就是用来梳理理想和努力之间关系的最佳指导原则。

知是指人内心的觉知、对事物的认知，行是指人行为的实践、与事物互动。知和行是一个整体：在知中行，在行中知；知指导行，行磨验知；知者行之始，行者知之成。

知更要去行，无行不足以促知。光想而不去做就是空想，理想越好越需要去做，在做的过程中发现问题解决问题，就会让理想更完善，对理想更坚定。在“煲仔皇”的发展中，我用过很多方式方法去讲述理想，也用了更多的行动来验证和完善理想。既然设立了远大的理想，这理想甚至远大到被一些人认为是妄想而不可及的地步，就必须付出超乎寻常的努力，不然是绝对不可能实现的。

例如，在萌生做煲仔饭餐厅的大致想法之后，我马上行动起来，买了去广州的火车票。当时，太兴奋也太着急，买不到坐票也无所谓，从北京一路站到了广州，站了一个昼夜，2000 多千米。

抵达广州之后，我找到之前认识的煲仔饭师傅，跟对方讲了自己的理想和计划，邀请对方加入一起创业。我穿行于广州的大街小巷，实地调研了很多家煲仔饭餐厅，品尝了各式各样的煲仔饭，琢磨背后的配方和工艺，寻访适合给连锁餐厅制作煲仔饭的设备、工具和用品，联系并考察供应商，借鉴广东传统餐饮文化的视觉符号，构思自己餐厅的装修风格。

五个月后，煲仔皇第一家餐厅在北京三元桥区域开张了，理想化为现实只用时不到四个月。再过了六个月，第二家餐厅开业，次年又连续新开四家餐厅。总共花了大约两年的时间，“煲仔皇”形成了最初七家门店的连锁规模。

当有退路的时候，人总是会想到各种放弃不干的理由，还很容易加以合理化；在没有退路的时候，反而满脑子都是方法和出路。当时我逼着自己背水一战，让自己达到全力以赴的状态。在离开“一品三笑”的时候，我没有带走任何资金和人员；在“煲仔皇”急需资金的时候，我把自己的房子拿出来抵押。

有人说我意气用事，也有人说我孤注一掷，但我自己不这么认为，我只是拼命让自己的努力配得上自己的理想，让理想不是空想，也不是口号，更不是让团队往前冲锋，而自己光在后面喊加油。

就好像买基金的人会看基金经理是否自购且长期持有，创业者也同样需要扪心自问，自己的努力是否配得上自己的梦想。创业的过程绝对不可能称之为愉悦，很多时候又苦又累，发完牢骚之后，还得回到问题面前继续干。唯有理想和努力都做到极致，才能让创业者穿越荆棘，方得始终。

第二章

心智通，解锁更多成功

第1节

生态位思维：赢得竞争的最佳方式是避免竞争

作为一个土生土长的北京人，创业却选择做广东煲仔饭，我总是经常被朋友问为什么。其实，创业既要考虑自己擅长什么，也要考虑市场需要什么，或者敏锐地观察到客户还缺什么。

“煲仔皇”最早是在北京开店，然后逐步向南、向东拓展市场。这里面既有我和团队扎根在北京的原因，也有煲仔饭在北方市场比华东、华南等市场更缺少竞争的缘故。当“煲仔皇”踏出北京的第一刻，就选择了在购物中心开店，而不再是以往的街边店，甚至后来连经营时间最久的北京区域，也基本集中在购物中心开店。

购物中心里面有各种业态、商品和服务，消费者进去吃饭、娱乐和购物，林林总总，非常丰富。我更愿意把一个购物中心看成一个森林，而“煲仔皇”以及任何一个在里面经营的商家都是在这个森林里面求生存的一个生物。从这个角度来看，用生物界的一些理论来推导商业也是相通的，而且，还很有趣，比如适者生存、生态位，还有蓝海战略。

1864年，英国哲学家赫伯特·斯宾塞（Herbert Spencer）看完著名的生物学家及进化论奠基人查尔斯·达尔文（Charles Darwin）的《物种起源》后，在《生物学原理》一书中呼应“适者生存”，并进一步把这个生物进化的概念引入社会历史领域。

斯宾塞认为，社会的进化过程跟生物进化过程是一样的，生存竞争的原则在社会里也起着支配作用——优胜劣汰，适者生存，要么顺应环境而生存，要么适应不了环境而淘汰。

1924 年，J. 格林内尔（J. Grinell）在前人的基础上提出一个新的生物学概念——生态位，用于研究物种之间的竞争关系，之后不断被发展完善，并延伸到商业领域。

生态位的大致定义指：在自然环境或生态系统里，每一个特定位置都有不同种类的生物，其活动以及与其他生物的关系取决于它的特殊结构、生理和行为，故具有自己的独特生态位。

2005 年，W. 钱·金（W. Chan Kim）和勒妮·莫博涅（Renée Mauborgne）在其著作《蓝海战略》中指出，在过度拥挤的市场中，硬碰硬的竞争只会让企业陷入血腥的“红海”，即通过价格战等残酷的竞争手段，与对手争抢日益缩减的市场份额、利润额。想赢得明天，企业就要开创“蓝海”，即找到蕴含巨大需求的新空间，为自己和客户都创造新的价值，使企业摆脱竞争对手，走上优质增长之路。

适者生存、落生态位、寻找蓝海，综合以上三个理论和各种实例，可以发现：即使是已经存在多年的、较有实力的企业，在市场容量固定、整体资源有限的情况下，遇到跟自己生态位相同、实力相当的竞争对手，硬碰硬也不见得讨到什么好处，所有企业都要做好商业选择，通过一定的错位竞争来体现独特性，获得对应的客户，尤其是喜欢自己的客户，以此稳固自己的市场地位。

对刚起步的创业者、较弱小的初创企业而言，更要了解自己所处的整个商业生态已经发展到什么状态，知道各个生态位上都存在哪些企业，他们如何生存、竞争和协作，然后思考自己应该选择哪个生态位，得做哪些差异化的事情，以适应残酷的商业环境，让自己能够生存和发展。

回到那个问题：再次创业怎么会选择粤菜里的煲仔饭？一个北京人，初入餐饮业做的“老家肉饼”是提供家常菜，后来创立的“一品三笑”是主打卤肉饭，这些都跟粤菜没什么关系。

思考这个问题的核心就是关于生态位的选择。我虽然没做过粤菜，但粤菜只是一个菜系，创业者可以学习任何菜系，来满足客户的需求。看清楚各个生态位上的竞争情况是很重要的，赢得竞争的最好方式是避免竞争，别人通常想怎么做得最好，或者做得比竞争对手好，而成功的人总是想怎么做得跟别人不同。

举一个动物界的例子，在生物分类学里的基本单位从大到小依次是门纲目科属种，犬科里面包括狗、狼、豺、狐狸等分类，它们占有不同的生态位。狗进入人类社会，跟人类站在了一起，成为看家护院、保护牲畜的角色，活下来了。狼在山林草原打群架，活下来了。狐狸狡猾，偷鸡摸狗过日子，活下来了。豺很尴尬，在野外跟狼抢地盘，跑进农场里威胁人类养的猪牛羊，既不肯像狗那样归顺，又没有狐狸那么狡猾，到哪里都遇到正面竞争。

在商业领域也是一样的，创业者找到合适的生态位，才能活下来。

在生态位的选择上，可以从内部和外部两方面进行分析，内部是分析自己的目标和能力，外部是观察市场需求和竞争对手。

从内部来看，目标非常清晰，我喜欢中国传统文化，也想在中餐的基础上打造世界级的品牌。当时已经积累了多年的餐饮经营经验和能力，在“一品三笑”的时候就研究过煲仔饭这个品类，完全有办法整合资源，为爱吃煲仔饭的顾客提供价值。

从外部来看，顾客对煲仔饭这一传统菜品的需求是被历史验证过的，而且，小小的一煲饭里综合了中餐的各种基本要素，荤素搭配全都有，虽小但可以见大。市场上有做米饭赛道的企业，在煲仔饭这个细分品类上，当时还没有很厉害的直接竞争对手，同行们基本处于小而零散的街边店状态，而且，只集中在广东。

培养生态位思维对创业者有极大的帮助，不仅能看清市场竞争格局和背后本质，做好趋利避害的选择，还能在落地执行方面获得很多启发。

在目标方面，我坚定地认为中餐可以做成“世界餐”，做中餐就得扎根中国文化，而煲仔饭恰恰是一道有着悠久历史、充满中国味道且广为人知的中餐美食。深入发掘和大力弘扬煲仔饭的历史，能让顾客回顾和体验煲仔饭相关的传统文化，无疑是帮助煲仔皇站稳这个生态位的一个好办法。

《周礼·天官》《礼记注疏》等古书中记载了包括两饭六菜的周代八珍。2000 多年前的周代八珍被认为是中国古代最早的宫廷宴，也是我国现存最早的一张完整的宴会菜单。第一珍是“淳熬”，肉酱油浇稻米饭，第二珍是“淳母”，肉酱油浇黄米饭，都是煲仔饭的经典做法，两珍之间的区别只是采用的米有所不同。

古人将肉酱煎熬制熟，然后浇在六七成熟的米饭上，拌上动物油，文火慢煲到全熟即可出品。“淳熬”和“淳母”里的“淳”即动物油，大多采用猪油，肉酱后来又以广东人爱吃的腊肠最为经典。这道美食混合了米饭香、肉酱香、油脂香的独特味道，每一勺入口都令人回味无穷。

当人们称赞一道美食，通常会说“色香味俱全”，而中国古代文化对饮食的评价标准更全面，一共有五种，即“色香味形器”。“形”很好理解，就是菜肴的形状美观，样子好看。“器”是指盛菜的器皿。煲仔饭的器就是它那独特的砂锅，经典的砂锅造型是单柄的，辨识度极高，使其可能成为快餐里唯一让“色香味形器”都充分体现的独特品类。

在秋冬季节，街头行人都穿着厚衣，走进路旁的食肆里，随着热腾腾的煲仔饭被端上桌，不管你来自天南还是地北，身心都可以被温暖起来，正应了那一句“人间烟火气，最抚凡人心”。

中餐与西餐的最大区别可能就是在烟火气这一点上，烟火气的表面形态是炊烟、锅气和香味，正如煲仔饭里的锅巴，广东人形象地称为“饭焦”，金黄的、脆脆的、焦香的，其背后反映出了中国社会的传统文化观念：寻常百姓生活，家人朋友闲坐，热闹围桌共食，人间温情气息。

喜欢中国餐饮，热爱中国文化，这让人产生了很多灵感，这些灵感一一落地，成为了煲仔皇餐厅门店的一处处细节。

例如，在餐厅的装修呈现上，主打“人间烟火气”这个中国文化特征，营造过去家家户户用土灶烧饭、用瓦罐炖汤的场景，抬头看到飞檐翘角，低头便是箩筐筲箕，食材三三两两地摆放在四周。

大家坐在用老木打的长板凳上，仿佛回到过去，一边聊着家常互诉亲情，一边等待饭香四溢的一锅煲仔饭，让人在钢筋水泥的都市森林里找回遗失已久的烟火感，创业者的理想与顾客的情思形成了共鸣。

在能力方面，每个人及每个企业的能力总归是有限的。如果在创业初期错误地选择摊大饼，风险会很大。这时候，“选择上做减法，能力上做聚焦”是比较明智的。

英国哲学家以赛亚·伯林（Isaiah Berlin）曾有一篇文章《刺猬与狐狸》用以评述列夫·托尔斯泰的作品和思想，并认为世间的人及其选择也可以分为这两种截然不同的类型。

归纳为一句话就是：“狐狸机巧百出，刺猬一计防御。”在社会上，被喻为狐狸的人是百科全书式、全知全能型的，而被喻为刺猬的人则是寻求万事皆以一贯之。

当然，人性是复杂的，这么简便地做二元分类，只是伯林为世人提供的一种便捷的逻辑视角。很多人的能力是两者兼而有之，这两种选择也可以相互转化。如何选择，很多时候要看自身能力和外部环境。

在经济景气、一片蓝海之际，狐狸可以获得更多机会，也因为狐狸积极地与瞬息万变的世界保持同步，更可能早做准备和应对。在竞争激烈、经济低迷、容错率低的环境下，刺猬可能是创业者更智慧的生存之道，把能力集中在最重要的地方，在初创期获得更高的生存概率。

煲仔饭是一道粤菜，顾客在茶餐厅、粤菜馆都可以吃到，但只是作为众多菜品中的一种，很少有餐厅把一锅煲仔饭做到极致。我当时已经做了12年餐饮，积累的能力和经验主要是在性价比和高效率这两点上，于是在初创“煲仔皇”的时候，依然聚焦这两点，尤其把快餐的“快”字做到了极致，口号是“一分钟出餐的煲仔饭”。

要在顾客点单的一分钟后就出餐，按照传统做法，光煮饭都来不及，所以必须花很多功夫在预制上。批量制作出来到上桌之前这段时间，还得保温保质。例如，为了让锅巴不变软，想方设法制作了一种特别的高温保温柜，经过反复测试，在合理设定的温度、湿度和时间之内，使饭菜的口感品质有保证。

供应制作得根据需求来做提前准备，有备才无患，有备才能快。顾客在不同时间的需求情况是变化的，于是门店一靠历史测算，二靠经验预估，例如根据上周、前几天的数据来决定当前的采购和制作，尽可能地控制偏差。

现在看来，当时“煲仔皇”出品的不是纯正的煲仔饭，并没有锅巴，烟火气不足，严格意义上叫砂锅盖浇饭，后来，找到办法后就迭代改进了。因为当时把能力都聚焦在快速高效上，使得“煲仔皇”初创的头几年还真是实现了“以快制胜”，也满足了很多消费者想快速吃到煲仔饭的需求，于是站稳了脚跟，存活了下来。

减法不仅仅适用于初创起步期，在发展了十多年后，煲仔皇的SKU（Stock Keeping Unit，指商品的最小存货单位）基本没超过30个。即使后来增加了简餐形态的啫啫煲，SKU的数量依然保持得比较克制，每年会紧跟市场需求，在产品上进行更新迭代的调整，而不是纯粹新增。这也延续了做好减法和保持聚焦的创业思路。

在需求方面，道家有一个理念放在商业领域也显得同样精妙，“不苟同于世俗，但合乎于自然”。世俗是指人尽皆有的认知和做法，自然是指符合客观乃至人们内心世界发展的逻辑及方向。这句话对创业者的启示是，要采取跟别人有差异的方法做事情，但做事的结果要契合商业的底层逻辑，满足客户的真正需求。

值得一提的是，差异化只是在方法、模式上有所创新或改进，

真正的差异化，
不是企业自己认为的不同，
而是客户认可的、
有意义的不同。

但不能凭空创造品类，也不能跟自说自话、标新立异画上等号。真正的差异化，不是企业自己认为的不同，而是客户认可的、有意义的不同。

曾经有一个朋友在创业之前找我征询建议，说想开一个素食的米粉店，因为他既是湖南人，又是一个素食主义者，发现现在越来越多人喜欢素食、选择素食。

我对他说："有一句老话，穷人吃肉，富人吃素。换句话说，穷人不吃素食。"在当今社会，荤素和贫富早已不直接挂钩，但米粉是公认的大众化平民餐食，吃米粉的人如果发现没有荤菜搭配，跟他们的传统认知和饮食习惯是违背的。顾客不理解、不接受的创新是很难存活的，与需求背道而驰的商业创新很容易以失败告终。

经过"老家肉饼"和"一品三笑"的连续创业，我对中式快餐行业的认知已经比较深刻了，在之后创业的品类选择上有自己的一套逻辑。

中餐按照主食形态，可以粗略分为粥、粉、面、饭四种。粥是比较小的品类，果腹感不强，更多被归为早饭和宵夜，而且，快餐选择做粥会很难提高客单价。粉和面的变化比较多，品种、成分、状态都很丰富，所以竞争对手也非常多。米饭本身比较单调，非常依赖配菜，配菜一旦多了就成了盖浇饭，而且也很难标准化，品牌化的成功案例不多见。

在当时，粥几乎是最快被放弃的创业品类。粉和面是不太会出错的选择，也是市场上最受资本关注、最多创业者进入的品类。鲁迅说过一句话："其实地上本没有路，走的人多了，也便成了路。"既然大家都走，粉面这条路也就变成了同质化之路。

从成功对标的角度看，很多人都觉得做中式快餐不应该选米饭这个品类，因为当时没什么很成功的先例；但米饭毕竟是中国人消费量最大的主食，在心智上是南北都能接受的。煲仔饭这个细分品类更是如此，它在两广地区是家喻户晓、深受欢迎的，而东西部、北方乃至东北地区的大众消费者对它也不陌生，到天气冷的时候它就更受青睐。

回到生态位的选择分析上，有人在做并且已经做得很好的事情，就别轻易去凑热闹了，有人在做但没做好的事情，或许是个机会，而且，如果能用自己独特的方法把事情做到很好，就非常有竞争力。

例如，广东地区做菜讲究火候控制，导致煲仔饭出品非常依赖师傅的个人经验和水准状态，难以标准化，但一旦在制作方面解决了这个难题，就可以做到“万菜皆可煲”“各地皆可煲”，从而充分满足来自天南地北的顾客的需求。

把生态位理论放在一个具体的商场来理解也是一样的。在“煲仔皇”创立的时候，米饭类快餐是很少的，粉面类快餐比较多。如果一个商场已经有两家粉面类快餐，谁想做第三个粉面类快餐的品牌挤进去，就相当难了，就算进去了之后，赚钱也很难；但因为“煲仔皇”做的是煲仔饭，这个品类在米饭里都算是很特别的，进商场的竞争就没那么激烈。

把自己的目标和能力梳理清楚，把市场的需求和竞争分析透彻，有助于做好生态位选择。不管是生存，还是做强，都应该采取“做与众不同”的生态位策略。“煲仔皇”在头八年能够生存下来，除了因为把煲仔饭这个品类按快餐模式率先做出了标准化，品质和成本都控制得不错，很大程度还归功基于购物中心的门店模型，成功获得了适合自己的优质流量，于是迅速把规模发展到了近百家门店，从而在米饭类快餐中站稳了自己的生态位。

第2节 一分钟出餐的煲仔饭，『唯快不破』却无法盈利

任何选择的背后都会有安全感和舒适区在作祟。人们为了获得安全感，经常从成功者身上或自己以前成功过的地方，总结出一套逻辑和方法，然后赋予正确和合理的标签，这种标签一贴上去，就让自己感觉舒服多了。于是，人们容易陷入“先立观点，后找论据”的表象因果论——因为结果是成功的，所以路径都是对的。

因为前两段创业经历都跟快餐有关，全是做效率型餐饮，加上一直喜欢和研究“麦当劳”，所以在创立“煲仔皇”之初，我非常相信自己能通过快餐模式改造煲仔饭这个传统的品类，再次获得成功。我完全不觉得这有什么不对，尤其是在快这个点上。当时非常自豪，认为“煲仔皇”可以成为首家做到“一分钟出餐的煲仔饭”的中式快餐品牌。为了达到这个目标，投入了大量的时间、精力和资源。

例如，在制作设备方面，专门订制了一体化的砂锅和炉子，两者形状彼此贴合，铝制的炉子里有电热丝，通过电磁加热砂锅里的米饭。砂锅用一个带硅胶圈的不锈钢盖子盖住，这个盖子带有温度探针，可以随时判断火候的情况。

一旦发现米饭达到七分熟了，盖子就会发出嘀嘀的提示音，然后赶紧打开盖子，把事先处理好的腊肠、排骨等菜肴放到饭上，继续进行加热。等

时间和火候都到了预设条件，这锅煲仔饭就可以出炉了。

例如，在保温设备方面，专门研发了一种保温柜，能在85℃保持恒温恒湿，每一层可以放9个砂锅，一共9层，一个保温柜能存放81个制作好的煲仔饭。

例如，在出餐环节，专门做了保温滑槽，出餐窗口有好几条滑槽，一一对应各个细分品种的煲仔饭，滑槽前后都标有产品的名字。后厨和前厅的员工甚至都不需要说话沟通，就可以直接按照滑槽进行分类，把相应的煲仔饭放进去或取出来，配合效率非常高，也不容易出错。

“麦当劳”早些年的汉堡包出餐也用滑槽，他们制作环境也有设置保温措施。我当时还挺得意的，觉得“煲仔皇”这些设计把自己之前对“麦当劳”的学习心得都用上了。

事实上，流程也的确很顺畅，在用餐高峰期之前的半小时，餐厅会开始制作一批煲仔饭，先塞满一个保温柜，柜的每一层都存放着同一个品种的煲仔饭，贴着相应的标签。当吧台收银员确认顾客订单之后，一转身能从滑槽拿到相应的煲仔饭，一分钟就送到顾客面前，这样的出餐速度博得了不少顾客的眼球和赞赏。

很多大型商场都把快餐放在了地下一二层，这是经过很多因素考虑的。一方面，有些商场通地铁，地铁出来的客流量很大，快餐、小吃、零食、咖啡、奶茶这些业态基本是随买随走或者快买快走；另一方面，除了大型超市因为租金便宜会放在地下一二层，其他很多业态都对消费场景有要求，通常越往上一层，顾客待的时间可能就越久，例如，正餐基本在有窗也有景的地上一层或更高层。吃快餐、买零食、喝奶茶的人不太在意这些，所以跑去地下一二层也无

『唯快不破』这句话
一直被神化，
但『又好又快』
才是真正有长久价值的。

所谓。

在这种思路和环境下，更加不会想到出餐快有什么问题，反而觉得慢会被顾客投诉。然而，追求效率的人对快餐的心理定价不会高，煲仔皇当时的一款饭平均售价在17、18块钱，很少有超过20块钱。客单价不高，毛利不高，流量也没有特别大，利润就很难做出来。我看在眼里，急在心里，虽然对外一直表现得信心满满，但我比谁都知道这条路是走得有问题的。

古龙在著名武侠小说《小李飞刀》里曾提到："天下武功，无坚不摧，唯快不破。"意思是，快是很难被克制的，当武功的速度达到极致的时候，不需要招式多么复杂，可能简单的一招就可以克敌。"唯快不破"这句话一直被神化，但"又好又快"才是真正有长久价值的。

"煲仔皇"的最快出餐速度已经可以做到一分钟，再快也没意义了，于是我把解决盈利问题的关注点放在了数量上。如果能把门店数量和消费数量提升上去，一方面可以把收入做大，做大之后闪展腾挪的空间总归也大一些；另一方面，可以用更大的采购量跟供应商协商，拿到更优惠的采购价格，从而降低成本。这么开源节流，一进一出，利润可能就变大了。

通过融资得到更多资金，迅速开店扩充规模，通过进驻购物中心，打造更为标准化的餐厅，便于快速复制。钱有了，门店模型也有了，这样的双管齐下让"煲仔皇"的门店规模在八年后猛增到近百家。

门店规模增长到这种程度，数量肯定不能再称为卡点了，但煲仔皇还是没有实现整体盈利。细节层面的事情也没少做，但无论怎么调菜谱、改面积、换营销，都不见效。创业八年之久，企业依然停留在求生存的水平，盈利水平远谈不上优秀，这对我造成非常大的困扰。

第3节

出餐最慢的快餐店，估值竟然翻了六倍

有一次，我和天图投资创始合伙人冯卫东聊天，被对方偶然的一句话刺痛了，也给了我很大的启发。冯卫东说："你觉得自己是什么很重要，但其实，客户认为你是什么更重要！要让客户每次提到这个品类，最先联想到的是你，那你就成功了。想成为最能代表这个品类的品牌，必须把握这个品类的首要特性。"

例如，在网络搜索领域里，谷歌做到了一个相当高的标杆地位，每当大家想搞清楚某个不太了解的事物，很多人都会说："要不你去谷歌一下？"背后的意思是："要不你用谷歌去搜索一下？"

在用户的认知里，几乎把谷歌这个企业品牌跟网络搜索这个事情画上了等号。对搜索来说，速度快、理解准是用户的需求及痛点，也是做好搜索的首要特性，而谷歌在这两点上都很好地满足了用户，于是成为了能代表搜索品类的优秀品牌。

我当然希望"煲仔皇"的品牌能够代表煲仔饭这个品类，在和冯卫东这次聊天之前，我对品类首要特性并没有很深刻的研究和学习。听了冯卫东的指点之后，我非常认真地思考起来，因为我深知冯卫东的认知深度和经验能力是非常强的，不仅出版了《升级定位》，还专注品牌定位理论和品牌投资，在很多平台担任品牌创业导师。

一开始，感觉很别扭，思路也没转过来，煲仔饭快餐明明已经够快了，可以一分钟出餐，难道还要加速到 10 秒钟出餐吗？后来才发现自己搞错了，快餐不是一个品类，煲仔饭才是一个品类。

头八年的“煲仔皇”本质是一个砂锅饭快餐品牌，那些很满意的顾客可能都是追求效率的人，而不是要吃正宗煲仔饭的人，他们更在意便捷度，而不太看重煲仔饭脍炙人口的特点——锅气和锅巴。

执着于快餐，追求出品上桌的效率，人为地把煲仔饭品类第一特性设定为效率；但煲仔饭品类第一特性真的是效率吗？

煲仔饭流传千年，这道美食留给人们许多独特记忆，而“煲仔皇”当时的快餐模式并没有充分体现煲仔饭的品类特性——有锅巴，带锅气，激发味蕾，以烟火气抚慰人心的价值感受。

小说《天幕红尘》主人公最核心的观点是“见路不走”，意思是无论做什么事，学习很重要，不要迷信别人的经验，不要硬套别人的路径，不要看到别人成功的表象就去复制别人的模式，而是要遵循客观规律和事实反馈，找出一条符合自己情况、适合自己走的路。

2012 年，“互联网餐饮”一词风靡大江南北，行业里很多人都希望获得时代红利，搭上互联网的快车来改造餐饮。那一批出道的新生代餐饮人都很愿意来请教我这位经验丰富、乐于助人的老大哥。在互相交流学习的过程中，也逐渐让我意识到，互联网只是一个模式，快餐也只是一个模式。

尤其当这波风潮过去之后，大家都意识到餐饮的制作和交付必须是线下的，好吃是做好餐饮的本质，也是有回头客不断复购的根本原因。互联网餐饮的某些做法可以让品牌知名度在很短时间里得到提升，但长期留存下来的都是好吃且盈利的餐饮品牌。

想成为最能代表
这个品类的品牌，
必须把握
这个品类的
首要特性。

快餐的快并不是决定“煲仔皇”发展的最核心要素，突出品类首要特性并满足客户核心需求才是。在意识到这点后，我决定把重心从追求效率转到追求特性。

这在当时引起了内部争议，很多老员工质疑：“我们一直以来都做快餐，而且好不容易用这个模式做到现在这样的规模，这么大的改变岂不是有很大的风险？煲哥是不是疯了？要不先问问顾客吧？”

到底顾客要不要锅气，直接问也不见得准确。当时出现一个很有意思的现象，只要被问的是北方人，都觉得锅巴没那么重要，当被问到的是南方人，也不是个个都说需要；但我想到了乔布斯的一句话，他说，消费者并不知道自己要什么，直到我们拿出自己的产品，他们才发现，这是他们要的东西！

做出来之后，让消费者自己选择，这的确是一个试验方法；但创业不是赌大小，之前的失败经验告诉我，胆大必须搭配心细，不然胆大反而死得快。我决定先拿一家店来做试验，看看顾客到底更重视速度，还是更重视锅气和锅巴。为了保证试验的指向性，在这一家店里只改变一个要素，就是每一锅煲仔饭都现做，其他东西一概不变，然后看顾客反应，看营收数据。

当时，因为别的条件都没变，流程和设备都没有完全配合起来，所以出餐速度一下子慢了很多，要整整 30 分钟才送到顾客桌上，让员工的心都提到嗓子眼了，生怕顾客投诉写差评。

这样的试验持续了两三个月，堂食的数据显示有小幅上扬。虽然情况没有变得有多好，但得出了一个结论——起码生意没有变得更差。于是扩大试验范围，一连增加到五家店，发现依然是这个结果，那就排除了因为某一家店、某一时段、某些顾客所可能导致的单店误差。

我做了进一步设想，如果继续保持着锅气和锅巴，并且把流程和设备都优化好了，出餐速度提高到25分钟、20分钟、15分钟，顾客对就餐速度的需求还是能被满足的。门店模型不断迭代之后，一款有锅气又便捷的煲仔饭就可以被打造出来了。

小范围试验获得成功后，我开始大刀阔斧地推进。最明显的改变就是口号，从原先的“一分钟出餐的煲仔饭”变成“煲煲现做有锅巴”。在品牌方面，原来名字叫“仔皇煲”，一直觉得有些拧巴，经常被人叫错，索性这次就把名字改为更顺口的“煲仔皇”。

在后厨方面，不惜花重金做了三次整体技术升级，反复琢磨和改造器皿设备。例如，测试调整砂锅的密度、硬度、容量，最终充分保证热传导的一致性，且耐用性极强，还采用全新专利的光波炉设备，尽可能模拟和还原传统的烧煲工艺，用大火煮米饭，用小火催锅巴，让锅巴更脆口。

在选材方面，只有选择好食材，才能做出好产品。例如，选择采购一年只产一季、从泰国空运过来的茉莉香米，慢生慢长，米粒芳香，对人体健康更友好。选择广东老字号的“皇上皇”腊肠，肥瘦比例适当。选择精心酿造的秘制酱汁，以15味秘方慢熬，醇厚浓郁，提鲜极佳，在上桌的一刻浇下去，就会听到“呲啦呲啦”的美妙声音。

在门店方面，突出煲仔饭现做的手工感和价值感。例如，门店装修改为老木屋檐、土灶瓦煲的民国版画风，让环境更有仪式感。把做菜烧饭的后厨变成前厨，直接在店门口建立明档，以透明玻璃间的方式展现。

明厨亮灶的方式非常直观，用专门的灯光直接照在砂锅上，让顾客看到一个个砂锅在滋溜溜冒着锅气的情景，对现做现吃的煲仔饭有一份期待，也多一份理解，对相对变久的出餐时间就没那么苛刻了。

门店服务从顾客自行取餐模式改为服务员端锅到桌的上餐模式，增加了服务话术和关键体验设计，也让顾客感受到花些时间等待一锅现做的煲仔饭是值得的。例如，服务员会为顾客掀开锅盖，伴随一阵热气升腾，提醒顾客不妨晚一点儿翻铲米饭，这样会让锅巴更酥脆。

那些刚从忙碌的工作和生活中脱身的人，进到熟悉餐厅，看到现场制作，闻到香味四溢，吃到焦脆可口的煲仔饭，倍感美味、安心和温暖。

基于“煲煲现做”的逻辑和价值，菜品定价也随之发生改变，就正如吃海鲜一样，新鲜捕捞、活蹦乱跳的海鲜可以卖出更贵的价钱，顾客也乐意接受，而冰冻或宰杀后的海鲜就很难卖出高价，因为顾客认为不值。

随着转型升级，一份煲仔饭的价钱也从 17 元、18 元逐步调整到 25 元、26 元，再到 35 元、36 元，如果搭配一份蔬菜、一盅炖汤、一份小吃或甜品，客单价可以达到 50 元以上，利润也就出来了。

模型升级、单店盈利、客户复购、百店规模，这几个点都实现了之后，之前制约“煲仔皇”发展的诸多问题就被解决了，企业估值也从疫情前的 1.5 亿元一路涨到了 10 亿元人民币，足足翻了 6 倍多。

正如人生和时代的节奏一样，年轻的时候更喜欢追求速度，互联网餐饮时代更讲求极致的效率，但速度并不代表一切，餐饮的第一性原理还是好吃，餐饮的每一个品类都有铭刻在人们认知深处的首要特性。

随着经济水平和生活质量的提高，充饥果腹的需求必定提升到抚慰人心的需求。都市人在快节奏中来去匆匆，不管一人食，还是与友聚，吃饭都是难得的放松时刻，通过一锅温暖而美味的煲仔饭与自己再次深度连接，是一种很特别的价值体验。

餐饮从来都不应该是一票买卖，顾客愿意再次来到“煲仔皇”，坐下来品尝一锅煲仔饭，原因正如他们在点评里说的：“锅巴很香，是小时候吃到的味道，在这里似乎能慢下来，有家的感觉。”

第4节 优化单店模型，决定餐饮创业成败

创业必谈商业模式，也就是通过什么方法来解决企业生存获利的问题。在餐饮行业，最小的生存获利单位就是一家门店，所以也可以把餐饮行业的商业模式称为单店模型。当单店模型跑通了，稳定盈利了，意味着找到了成功方法论，这时候再去做复制和扩大，整条创业路径就更顺。

同样的，对于已经有一定历史和规模的餐饮品牌，不管资本多么雄厚，拥有多少门店，都得重视单店模型，也要持续优化单店模型，不然一旦市场发生系统性变化，所有的门店都会面临同样的挑战，应对不好就一溃千里。

在“老家肉饼”“一品三笑”的创业阶段，我以传统餐饮人的角色起步，打下了基本功。在“煲仔皇”的创业初期，正值互联网与餐饮业的快速交融，定位、营销、渠道、数字化这些可以被“互联网 +”改造的地方，我都孜孜不倦地学习了一遍。

我至今还会回想，“用互联网把餐饮行业改造一遍”这个口号很鼎沸的时候，其实也是餐饮新进创业者比较浮躁的时候。那些拥有网红体质的餐饮品牌最令人印象深刻的地方就是营销，例如，开跑车送外卖；例如，花大量的时间精力打造个人品牌，通过粉丝的追捧和媒体的报道，吸引顾客和资本的眼球。

我当时也跟风，逢活动必去，有课程必上，如果能让我演讲就更好，每天不亦乐乎地更新自己的微博，微信朋友圈也发鸡汤文，要么有趣，要么励志，但我比较认真，不是照抄的，都是自己原创或者修改的。

虽然当时也有在优化改造“煲仔皇”的单店模型，但膨胀火热的外部环境和生怕落后的焦虑心态，让我没把这项工作放在第一优先级，一心只想着通过融资和营销，把门店数量提高，希望通过速度、效率和规模来解决“煲仔皇”难以盈利的问题。

我很庆幸，当时虽然有点儿浮躁，但还是逐渐回归到餐饮的本质，开始梳理、总结和优化自己的单店模型。餐饮的第一性原理不是资金，不是规模，不是效率，也不是营销，而是让顾客觉得好吃。只要顾客在好吃的基础上愿意不断买单，愿意口碑推荐，再小的店在再难的环境下，总归也是能活下去的。

对外要让顾客觉得菜品好吃，才会一直来消费，对内要提升运营效率，才能产出足够的利润，正是对单店模型的深刻理解和不断优化，让“煲仔皇”一直保持着生存和进步的机会。

如果把单店模型看作课程，并且充分展开的话，估计是一门三天三夜的大课，而且这门课还得不断更新，因为门店模型是一直需要优化升级的，尤其在中国市场，消费者的变化非常快。

餐饮的单店模型一共有 12 个维度，也像摆在创业者面前的 12 道选择题，分别是业态、品类定位、销售价格、菜单设计、社交场景、店铺选址、竞争格局、餐厅环境、服务流程、品牌文化、成本结构、营销传播。

1. 业态

业态指的是主要满足顾客的哪类需求，在餐饮行业可以大致分为正餐、简餐、快餐、夜宵，等等；按照提供的形态可以分成宴请、自助餐、外卖，等等；还有一些形态比较独特，例如火锅、烤肉、素食，等等；在非中餐范围里又可以分出各种各样的业态，西餐、日餐、韩餐、东南亚餐，等等。

不同的业态对应满足顾客不同的需求，在这些需求的背后，不同顾客的消费目的、心理价位、用餐期待都是不同的。一个商场也未必能包括所有的业态。例如，晚上 10 点关门之后，商场里面就不能做夜宵了，但沿街商铺可以做，也就是餐饮人常说的街边店。

正餐不仅要菜好吃，环境和服务也得好，正餐的讲究就在这个正字，基本都是宴请重要人物，要么别人请你，要么你请别人，谁请谁都不能随便。

正餐菜品的品质是比较高的，原料成本占比却比其他业态要低，原因是租金、装修等环境成本的占比提高了不少。例如，坐落在景色优美的区域、高档的商圈、精致的庭院，还有配备高档的装修、精心的布置、富有艺术气息的藏品，等等，花费这些成本的原因是要让被请客的人感受到重视和尊荣，从而最终让请客的人感觉有面子。

再以“煲仔皇”所在的快餐业态为例做分析，顾客的核心诉求是便捷，为了满足这一诉求，快餐业态的很多条件选择也就随之确定，包括区域、地段、位置、面积、租金、装修等。

例如，快餐门店要离顾客近，不然就不快不便捷了，所以通常选择开在办公商圈、购物中心、居民社区、交通枢纽等客流量非常

餐饮的第一性原理
不是资金，不是规模，
不是效率，
也不是营销，
而是让顾客觉得好吃。

集中的地方。又例如，出餐效率要高，经营效率也要高，能够应付大客流，所以对空间面积的使用效率要求非常高，也很注重员工的勤奋度、配合的效果、工序的合理性。

仅仅拿正餐和快餐来比较，就可以知道不同业态之间存在着很大的差异，餐饮是一个非常丰富多元的行业，没有哪个创业者或者企业能够同时做好那么多业态，一般都是根据自己的经验和能力，结合市场的竞争和需求，选择从事某一个业态。确定业态之后，之后的各种选择就会清晰起来。

2. 品类定位

1969 年，杰克·特劳特（Jack Trout）在美国《工业营销》发布论文《定位：同质化时代的竞争之道》，首次在商业范围提出了“定位”理论。1981 年，他又出版了著作《定位》——被财富杂志在 2009 年评为“史上百本最佳商业经典”第一名。

《定位》一书中的核心内容是教导人们要思考和重视：如何让企业的产品或服务代表某个类别或某种特性，从而在消费者的心智中占据有利的位置，并获得他们的优先选择。从这个角度来说，当品类定位的选择落定之后，未来的商业机会和发展挑战也就随之大致确定。

品类在今时今日已经非常细分，创业者都在尽量避开已经存在的激烈竞争，选择一个有较大差异化的品种，把有限的力量集中起来做好定位，在消费者心智中占领一席之地。

例如，火锅就是一个品类，不过，餐饮市场发展到今天，竞争很激烈，也就是大家常说的市场很卷，火锅的定位已经细分到子品类。那么在每一个子品类上，都得突出自己的特性，才能让消费者更容易记得。

例如，同样是做火锅，很多年以前有“小肥羊”，消费者印象中是来自内蒙古的火锅，这就够了，因为当时并没有太多的竞争对手。到后来，市场上有主打服务的“海底捞”，有主打毛肚的“巴奴”，有主打猪肚鸡的“捞王”，有主打鲜牛肉的“左庭右院”，还有主打鸭血和老豆腐的“吴记”。

其实，这些火锅店供应的菜品远不止主打的这一两款，彼此之间菜单的重合度是挺高的。顾客的记忆力很有限，他们只会记得每个品牌的几个特点，甚至只能记得一个特点。在这种市场竞争环境下，品类定位的选择就显得非常重要，甚至在12个维度中排名第一位。

品类定位的选择要注意几个方面：有没有认知根基可利用，有哪些痛点待解决，有品类无品牌的“天花板”怎么打开。下面，以“煲仔皇”作为例子来拆解一下。

煲仔饭的根基比其他米饭品类，甚至很多粥粉面品类都要来得深厚，焦香美味就是它在味蕾感受上最扎实的根基，是已经传承上千年并铭刻在人们脑中的认知记忆。

煲仔饭的痛点是经营难以标准化和连锁化，即使在业态最鼎盛的广东地区，专门做煲仔饭的餐饮店还是以家庭合伙居多，非常依赖师傅的个人手艺，出餐效率受限，规模普遍较小，有些小店的卫生状况还很令人担忧。

有品类无品牌指的是大家都知道煲仔饭这个品类，但当时还没有一个企业品牌或商品品牌能够成为煲仔饭的代名词。这意味着，一旦突破，就有机会以某个品牌占领人们内心对整个品类的认知，发展空间相当大。

要想把企业品牌打造成行业品类的代名词，一是要找到并突出品类特性，二是把品牌名深深地嵌入，不断地重复和强化。

什么是品类特性？以“一品三笑”为例，主打的品类为卤肉饭，历史背景是台湾知名菜品，以猪五花肉、鹌鹑蛋、米饭为主要原料，汤汁浓郁，咸甜适口。顾客几乎不需要太多思考，心里对该品类的第一反应是肥而不腻的肉香，一口接一口，很下饭。

煲仔饭比卤肉饭拥有更悠久的历史，香味也更诱人，还有其他米饭品类所不具备的一个专属特点——锅气。

“锅气”这个词乍听上去很神奇，看不到也摸不着，却是中式炒菜的精髓和灵魂，一道有锅气的菜肴让人食欲大增。从工艺上要懂得锅气的来源：炒菜的锅得用铁锅，质地脆硬，手感较重，传热快，能瞬间提升温度；气则是食材被高温爆炒时，逼出了水分，激发出带有焦香味的气体。

当人们进入后厨，就会看到这么一幕：猛火通过铁锅这个半圆弧环境，向食材传导出瞬间高温，油脂、酱汁和水分等结合蒸发出混合气体，锅的厚度越厚，弧度越深，热力越高，产生的气流也越大，锅气就越香。

从食品学家和化学家的角度进行分析，锅气是典型的美拉德反应：含有碳水化合物和氨基酸的食物经过高温烹制后，颜色发黄变褐，同时释放出诱人的香气。五花肉诱人的香气、炸薯条的金棕色、烤面包的焦糖色……都是美拉德反应的产物。

锅气易散，从做饭烧菜到上桌，再到外卖，感知度越来越弱，但煲仔饭的锅气有一个很好的载体，就是焦香脆爽的锅巴，也成为了煲仔饭的灵魂。

在“煲仔皇”发展的头八年，为了做快餐而做快餐，无疑把灵魂丢掉了，锅气并没有成为企业上上下下重点考虑的东西，“煲仔皇”这个品牌自然就很难被顾客当作煲仔饭这个品类的代名词。

在当时，顾客对“煲仔皇”的态度是“可以吃”，但没有达到“很想吃”。而传统的煲仔饭因为“很好吃”，所以顾客“很想吃”，但要花时间等。

让煲仔饭好吃且拥有带锅气的锅巴，又把做菜上桌的时间尽可能缩短，然后整个餐厅的标准化流程也达到现代快餐的高水平，把排序这样理顺了之后，品类特性既大为突出又可被复制，再通过“煲煲现做有锅巴”的口号打入顾客心智，就能很好地帮助“煲仔皇”成为煲仔饭这个品类的代名词。

值得提醒的是，品类选择不适合无限细分下去，一定是有度的。餐饮品类选择太窄太细会存在问题，甚至细到都不能称为品类，已经成为一道具体的菜品。例如，卤肉饭、黄焖鸡米饭容易标准化，但由于它们的名字直接指向了菜品的组成和搭配，变化空间就很小，顶多做成一个超级单品，但上升不到一个品牌的高度。

在品类的选择上，必须考虑在基本款的基础上有多少可以创新和进化的空间。例如，“麦当劳”做汉堡，没有把自己框死在牛肉汉堡里。“肯德基”做炸鸡，也没有局限在鸡块上。“必胜客”做披萨，披萨上面的配料都可以研发和变化，海陆、荤素、水果，层出不穷。煲仔饭除了最传统经典的腊味腊肠款，也有豉汁排骨、香菇滑鸡、黑椒牛肉等款式，如果再加上各种炖汤，组合搭配就更多了，品类内容很丰富。

从窄门入，是为了聚焦有限力量，先找到并树立特性，在有限的生存空间和时间里尽可能占领客户的心智认知；从宽门出，是在前者得以生存的基础上，逐步满足客户更多需求，超出客户原本期望。

3. 价格定位

品类定位之后，下一个要定的就是价格。定价都有一个区间或者叫价格带，一旦根据品质和利润等因素制定之后，自然而然就筛分和锁定了相应的目标客户。有一种通俗的说法，定价就是定天下。

定价之后，觉得价格贵的人不会考虑，或者很少考虑，偶尔才吃一顿；有购买能力但要求也更高的人不会经常来；对品质满意，又觉得价格合适的人，就会成为消费的主力群体。

根据成本进行定价是最简单的方法，例如基础成本占三分之一，营销成本占三分之一，剩下的三分之一就是毛利。参考同行也是一种比较省力的方法，客户对市场上已经存在的同类产品的价格已有一定的接受度，价高则和寡，价低要亏钱，先跟同行定在同一个价格带，是一个比较稳妥的策略。

最牛的当然是拥有定价权的，有可能是品牌已经发展到足够厉害，也可能是发现了一个新的品类，找到一块新的市场，那时候的定价简直就是拥抱一片蓝海，利润空间会大很多。

钻石的定价就是这么一个看上去匪夷所思但在商业上非常成功的故事。从物理性质看，钻石是经过打磨的金刚石，而金刚石是在地球深处高压高温条件下由碳元素构成的一种透明晶体。金刚石在

定价
就是定天下。

地球上已被勘探查明、可被开发的储量是非常大的。

为了保持钻石的稀缺度，大型的生产商联手垄断，既控产又控价。更重要的是，钻石生产商不遗余力地通过宣传广告，给消费者打造了一个钻石与爱情相关联的故事。

“钻石恒久远，一颗永流传”这样的广告语层出不穷，拼命引导人们把钻石作为定情信物、传承宝物，这种富有情绪价值的定价已经远超出钻石在工业制造领域的实物价值，从而让这些生产商在钻石销售中获得巨大的利润。

定价是商家说了算，但买不买则是顾客说了算。正所谓，你卖你的，我买我的，只要我不买，你就很难收割我。随着人口出生率与结婚率降低，还有人造钻石的出现且技术工艺日趋成熟，供求关系的巨大变化使得原生钻石的价格也大幅下降。

供求是决定价格的重要因素，稀缺会导致价高，充足就自然平价。同样一个洗发水品牌，如果进大型超市，通常会提供容量更大的家庭装，每毫升单价相对低；如果进便利店，一般提供小容量的便携装，每毫升单价要高不少。

消费者使用洗发水的效果没有发生任何变化，前者往往是在相对空闲或有计划的情况下购买，后者则可能是需要紧急补充或使用，两者的需求程度是不一样的，就导致品牌在供应端要做不同的调整，包括定价也有差异，而这样的逻辑是被消费者所认可和接受的。

在餐饮行业也如此，有些原料很难获得，有些受时令季节限制，也有因为手艺独特难以复制，所以某些品类的收入看上去挺高的，但这样的生意很难做得持续且有规模。

例如，每年早春到清明这段时间里，在长江河口入海处，趁鱼群回游而捕获的刀鱼非常鲜美，人们把鱼骨细刺去掉，做成的刀鱼馄饨特别好吃。在清朝末年，慈禧爱吃刀鱼，于是每年鱼汛来的时候，在盛产刀鱼的江苏江阴，当地官员会用最快速度将新鲜刀鱼送进京城，供“老佛爷”尝鲜。这样的时令鲜品放在今时今日，价格依然是高的，能赚到钱，但规模很难扩大。

作为商家，肯定既希望有较高的客单价及利润，又希望有较多的消费数量。鱼与熊掌兼得，一直都是商家所追求的。

如果把餐厅看成一个商品，那它可以被放在不同的“货架”上，定价就会有很多差异。以“煲仔皇”为例，可以选择在某一条马路边上开店，成为街边店，马路就是这家店的“货架”；也可以选择在某一家购物中心里开店，成为购物中心店，购物中心就是这家店的“货架”。

都市白领收入较高，工作节奏快，用餐时间短，用在筛选上的精力也有限，更愿意花钱在办公地点就近获得品质较好的餐饮，这样也可以更好地保持自己一天的工作状态和心情。“煲仔皇”进驻优质办公楼附近的购物中心，就可以很好地向“货架”借势，获得优质的客流并转化为收入，客单价及利润比创业早期的街边店、社区店要高不少。

4. 菜单设计

很多餐厅都会在门口前台放一本菜单，供路过的顾客翻看。千万不要小看一份菜单，不管是一家小小的奶茶店，还是一家上千平方的大餐厅，顾客都得根据菜单来点单。点单结果就是消费结果，决定了消费金额、成本结构、毛利高低，也影响着供应备货一连串的事情。

换到其他行业也是一样，企业要深度思考怎么向客户呈现自己的商品和服务，哪些需要放在显眼位置进行优先呈现，哪些需要存在但可能只作为烘托配套，哪些可以常年存在，哪些应该时不时更新替换。

菜单设计的核心原则是分清主次，合理搭配，做好引导，要实现“君臣佐使”的整体效果。

君臣佐使最早见于《黄帝内经》的《素问·至真要大论》：“主药之谓君，佐君之谓臣，应臣之谓使。”中医治病用药往往是复方，于是借用了古代对国家治理的官吏设置作为比喻。

针对主病或主症起主要治疗作用的药物称为君药，药力最强，药量最大，必不可缺，就像君王一样。辅助君药加强治疗的药物称为臣药，药力小于君药。佐药是用来协助君药、臣药，或可加强治疗作用，或可治疗次要病症，又或者用来消除减缓君药、臣药的毒性或烈性。使药则是用来引出或调和前三者药效。一般来说，佐药和使药的用量都比较少。

中医认为，采用这样的排序、结构和分量，才能组出主次分明、细致严谨和疗效可靠的良方。

在考虑君臣佐使之前，首先要合理精简菜单，这就好比过于庞大的机构往往效率不高，效率不高就很难赚钱了。

餐饮行业有句俗话，菜单越厚，利润越薄。菜品一多，就很难突出主款、爆款的产品，顾客对招牌菜的感受就被削弱。菜品一多，顾客的点餐效率就下降，很多人有“选择障碍症”，新顾客更容易犯难。菜品一多，也给供应端出难题，原材料采购和备货的复杂程度大大上升，还影响新鲜度和出餐速度。所以，菜单设计要避免摊大饼，得把自己有限的能力聚焦起来。

君王菜品，指的是招牌菜、必点菜，这是让顾客建立最强记忆点、占领其心智的菜品，也是最能让顾客建立口碑、回头复购和激发传播的菜品，一般要能占到销售额 20% 以上。大臣菜品，通常能够和君王菜品形成最佳搭配，而顾客对其价格又不太敏感，于是往往能为企业赚取更多利润。僚佐菜品，通常用来卡位竞争对手，或与君臣形成烘托对比，点击率和利润率不一定高，但有其存在的意义。使者菜品，往往产生营销效果，可能本身完全不赚钱，但非常吸引眼球，成为一个引流的打卡爆品。

有了这样的基本结构和科学分类之后，就可以用一些方法去细化和加强。例如，给君王菜品加上显眼的、特别的颜色，附上大拇指、大厨推荐等标签。例如，给大臣菜品加上功能性、趣味性、场景感的描述，海裙菜是一个普通名字，在“煲仔皇”的菜单里取名“多维海裙菜”，让人联想到“更多维生素”这个功能属性，在别的餐厅也可能取名“可可爱爱的海裙菜”“80% 的人都会点的海裙菜”“朋友们都爱吃的海裙菜”。

例如，给僚佐、使者菜品加上营销引导，以北京菜餐厅“局气”的米饭为例，带着怀旧情感的蜂窝煤造型，很多顾客都会愿意拍照和传播。佐使菜品也常常被用来打折甚至赠送，让顾客感觉占了便宜，从而提高复购率和好感度。

在菜单设计基本成型之后，还要对实际销售数据观察一段时间，将每个单品的毛利率乘以它的点击率或点击量，得到整个菜单的销售结构和成本结构，就知道赚不赚钱、赚多少钱，之后的调整就更有方向感。

5. 社交场景

顾客在餐厅门外看菜单的时候，服务员一般都会热情地问：“请问是几位用餐？”这个问题的背后就是餐饮的社交场景。人们外出吃饭，有时候是解决个人的温饱，有时候是满足社交的需求。

“煲仔皇”是快餐，主要是一人食的场景，也有同事朋友三三两两一起来吃，但基本都是一人一煲，有点儿像西餐的分餐制，所以门店可以把桌子安排得小一些，人多的时候就把桌子拼起来。

餐饮需要考虑社交场景，社交餐饮又可分为两种，生人社交和熟人社交。了解客户需要哪种社交场景，可以让餐厅在选择上更有针对性，在对的事情上多发力做，更容易获得成功，不然就是南辕北辙，徒劳无功。

生人社交餐饮一般指商务宴请和高端宴请，请客的人需要餐厅装修高档、菜品品质好，也接受水涨船高的价格，目的是让被请人觉得受重视，体验尊贵感。

熟人社交餐饮分为三类：家庭聚会、朋友聚会、情侣聚会。

家庭聚会：必须考虑老人和孩子，太刺激的菜品不适合放进菜单，就算放了，点击率也不会高。最好有一道主菜是老少皆宜，能给全家分享。价格略贵为宜，太贵，会被家人认为不值得，太便宜，被认为对老人不够孝敬。

朋友聚会：关系比较轻松，菜品设计更多样化，需要制造更有释放感的场景，灯光明亮、热闹欢快、比较市井的氛围就很适合，例如大排档、串串香、小龙虾、烧烤、火锅、酒吧等。酒是这个场景下的常见搭配，因为微醺感能给人带来一定的情绪释放。

情侣聚会：空间设计要做到私密而浪漫，专门为增进关系设置一些增值服务，例如对纪念日的庆祝布置，还要考虑男士买单的成本和需求。

6. 店铺选址

俗话说，一步差三市，选址对任何生意都是很重要的。选址就是选择跟客户在哪里相遇，有了相遇才能做生意，遇到对的人才能做好生意。选址的前提是知道自己要找什么样的客户，在哪里遇到这些客户，然后以什么样的场景服务他们。

“相遇”这个词很有意思，背后有大学问。围棋里有一种说法“金角银边草肚皮”，放在选址上也适用。“金角”指的是多条动线交汇、容易被行人注意到的位置，例如街边的十字路口或转角，四面八方都有客流过来。“银边”指的是动线两端的位置，一般离“金角”不会太远，要么靠近起点，要么靠近终点，当然也不能在断头路，否则，行人远远看到就不过去了。“草肚皮”指的是动线的中心位置，竞争比较激烈，客流即使过来了，也容易流动散去。

在大城市里，便利店的业态很发达，选址都喜欢在十字路口，就是在抢“金角”店铺。在商场和购物中心里，快餐店选址更愿意临街，或靠近扶梯口、地铁口，因为除了客流集中，还方便顾客快速选择，毕竟，选择吃什么也是要花时间成本和心理成本。

选址还要考虑更大范围的地址，就是商圈。有些商圈看着人流量很大，但可能消费水平、消费特点与餐厅不匹配，那人流量就不能跟客流量画等号，并不是餐厅想找的客群。

办公型商圈的人流结构是以上班族为主，更注重餐饮的便利性和快捷性，快餐生意也就更集中在工作日。社区型商圈的人流结构是以周边居民为主，家庭式消费更多，通常复购率较高，消费时间分布比较均匀。购物中心商圈的人流结构是以中产家庭为主，消费能力更强，有更多时间体验，周末流量更大。交通枢纽的人流结构则是清一色的旅客，非常赶时间，甚至连堂吃都来不及，匆匆打包带走，对便利快捷的需求远高于对品质环境的需求。

根据这些逻辑来看具体案例就更容易明白了。例如，“南城香”的定位是社区餐饮，主要做居民的回头客生意，所以选址就不会进写字楼，也不进商场和购物中心，只选择社区的街边位置。“煲仔皇”的品牌特性是锅气，口号是“煲煲现做有锅巴”，既然现做，就得等上一段时间。交通枢纽虽然人流量大，但顾客都在赶路，等不及这锅饭上桌，所以在“煲仔皇”没有打造出更合适的产品及门店模型之前，这个选址也是不匹配的。

7. 竞争格局

很多时候，竞争是不可避免的。以商场为例，为了让消费者节省行动成本，就得让同一类店铺出现在同一个区域，这在方便消费者的同时，也等于加剧了商家们的竞争。

选址实际上也是在界定竞争关系，你能看到好的位置，意味着别人也能看到，也会想拿，但未必是坏事，因为代表这个商圈或者商场已经比较成熟，这时候进去就更有确定性的机会。

最好的选择当然是在这个成熟商圈内做还没有出现的品类，更容易获得成功。例如，这里目前没有火锅，那么开一家火锅店的成功概率就会比在别的地方更高；如果这里还没有米饭类快餐，那“煲仔皇”就很有优势。

选址就是选择
跟客户在哪里相遇，
有了相遇才能做生意，
遇到对的人
才能做好生意。

竞争格局是会变化的，我在最初也担心“煲仔皇”菜单里的品种太少，是否导致客单价不高，于是考虑过增加云吞面、广式点心；但如果做了这些动作，意味着“煲仔皇”更像茶餐厅，而不是快餐，就会和同一购物中心里的茶餐厅成为竞争对手。

定位不是不能变，但如果没想清楚就乱变，这叫定位漂移，就可能跳进很内卷的红海，反而丧失了原来的优势。

有需求但没竞争，肯定是最好的格局。在“煲仔皇”创立的最初几年，煲仔饭这个品类在市场上还比较少，尤其在购物中心里几乎没看到。这个窗口期非常珍贵，让“煲仔皇”有时间也有机会打磨产品。后来，有更多品牌加入米饭快餐这条赛道，就对“煲仔皇”提出更高的竞争要求。例如，要出爆款产品，盈利要更好，品牌认知度要更高。

当竞争变大的时候，很多创业者会不自觉地选择增加品类，或者尝试拓展业务边界，因为他们会担心自己原有产品和服务的竞争力下降，害怕被别人追上，于是采取增加广度的策略来应对；但在餐饮这个讲究复购的行业里，增加广度要非常小心，精力分散之后可能得不偿失，反而应该专注，精益求精。

8. 餐厅环境

餐厅环境要配合之前所述的业态、品类、价格定位、社交场景，围绕目标人群的需求来打造。餐厅的门头外立面决定了能否吸引路过的顾客，餐厅里的动线要让进店后的顾客感到舒服，餐厅的装修要从顾客的角度进行打造。

餐厅的门头特别重要，我曾经和一群餐饮同行去美国考察，其

定位不是不能变，
但如果没想清楚就乱变，
这叫定位漂移，
就可能跳进很内卷的红海，
反而丧失了原来的优势。

中一个朋友拉着我一家家餐厅看过去，专门看门头设计。他的比喻很生动，把一家门店看作一个人。招牌和灯箱就是一个人的眼睛，一定要大而明亮，这样给人的第一印象就会好。风格色调就是一个人穿的衣服，要有自己的特色，让人一看就知道是你。

单店模型 12 个维度的安排顺序非常重要。菜单设计确定后，产品结构就出来了，也就是影响餐厅环境的结构。例如，煎炒烹炸各种设备的数量和搭配随之清晰，后厨平面图可以开始布置规划，前厅就餐区也就能随之安排。平面结构就绪后，空间结构就可以展开，如果做宴请属性的餐厅，空间投入要重一些，以满足顾客对环境布置的需求；如果走性价比路线，空间投入可以轻一些，不然投资回报周期就会变长。

9. 服务流程

不同品类、不同场景就会导致不同的服务流程。基于不同的业态定位、价格定位、场景定位，服务流程的设计也很不一样，其核心就是要突出什么，要给顾客什么样的感受和体验。

比起正餐，快餐的流程更精简，但不能掉以轻心，现在的顾客除了要菜品好吃，还很注重服务体验。“煲仔皇”在服务流程上调整了好多次，之后还会改进。

在餐饮行业里，快餐往往是围绕柜台提供服务。顾客到柜台点餐付款，餐厅在柜台收银出餐，这是“麦当劳”的标准服务流程，也是“煲仔皇”在早期选择的服务流程。当“一分钟出餐的煲仔饭”变成“煲煲现做有锅巴”之后，“煲仔皇”就围绕桌面进行服务了。

这背后是有一整套的思考逻辑：第一，因为出餐时间变长，不可能让顾客在柜台一直等着，那进店就先招呼他们坐下来，在桌面扫码下单。第二，服务流程精简之后，对仅有一次的顾客接触点提出了更高的要求，一定要让顾客加强对锅气的独特感受。当服务员送菜到桌，会让顾客享受到“开盖”服务，随着锅盖被打开香气扑鼻而来，服务员还会专门叮嘱：“刚开盖会有点儿烫，您喜欢吃锅巴的话，可以隔一分钟再浇酱汁，请您慢用。”

10. 品牌文化

好吃，经常吃，喜欢吃，时间久了，一个餐饮品牌就做出来了。品牌的重要性不只是让人记得住，还可以让消费者对价格不那么敏感，品牌的最高境界就是让人无脑选。

从这个角度看，做品牌要注重提高精神属性上的表现，只强调物质属性的品牌容易老化，或者落入低维竞争。毕竟，在物质文明高度发达的现代社会，很多品牌都能在物质方面满足客户，例如运算速度更快的电脑、分辨率更高的手机屏幕、百秒加速度更快的汽车。物质属性方面的功能和品质会随着科技发展而不断被刷新，要想始终维持第一是很难的。

“柒牌”男装创立于 1979 年，正值中国下岗潮，于是公司瞄准了那些男性职工，并为产品设计了非常进取、激励人心的话语：“男人就要对自己狠一点！”“柒牌男装，迎着风向前！”。

这些话语看似跟男装没有什么关联，甚至都不能体现其功能性，但一下子就唤醒了下岗工人对勇创新生活的斗志，还有一些女性主动去买“柒牌”西服，鼓励先生再就业。时至今日，“柒牌”男装在品牌塑造上依然保持着“进取心”这个核心词：“让中华时尚在世界传承。”“柒牌男装比肩世界，中华立领风行天下。”。

品牌文化并不是靠拍脑袋想出来的，往往都有原始属性和历史渊源，要多加观察和精心提炼。

作家汪曾祺在其著作《人间草木》里说过：“四方食事，不过人间一碗烟火。”2023 年，山东淄博烧烤突然火爆出圈，吸引了各地游客前往体验。在烟火袅袅的烧烤摊上，人们一边手握冒着油花、嗞嗞作响的肉串，一边推杯换盏、觥筹交错。在充满烟火气的环境里，精神世界那些紧张和焦虑被大大舒缓了。

锅气就是烟火气里最主要的表现之一，“煲仔皇”品牌主打现做，通过锅气唤起人们对旧时美好和美食暖心的回忆，这不是拍脑袋的主观堆砌，答案一开始就存在于煲仔饭的本身，只看有没有被观察和提炼出来。同样，餐饮的其他业态和品类都有各自打动人心的方法，也可被其他品牌所发掘运用。

11. 成本结构

成本结构是经营的关键，不仅要知道成本结构如何组成，还要制定策略和目标，不断优化成本结构。选择不同的商业模式就会呈现不同的成本结构。

在餐饮行业里，快餐是典型的低价高频模型，成本结构一般是食材成本占比较高、人力成本较低、租金较低，于是要搭配比较高的消费频次。讲究品质的商务宴请则是高价中频的模型，成本结构一般是租金较高、装修成本较高、人力成本较高，食材成本虽然绝对值比快餐高，但整体占比反而下降。所以，高端宴请也常被人称为“吃服务”和“吃环境”，在本质上，顾客为这两者付出了更高的费用。

研究成本结构的意义在单店模型升级迭代的时期，一定要尊重事实，不能凭想象乱调整，而且要稳扎稳打，可以选一两家餐厅进行改革试点，观察成本结构的前后对比，是不是变得更好了，如果没有变好，那思考还有没有变的必要。

12. 营销传播

现在是信息爆炸时代，信息传播途径很多，传播速度也很快，利用自媒体塑造传播点是低成本高回报的极佳选择。对餐饮行业来说，大到环境布置，小到一道菜，只要愿意琢磨，都可以打造传播热点。

以北京菜“局气”餐厅为例，四合院、古城墙、胡同巷子、门牌号、八仙桌、鸟笼……都一一体现在餐厅的装修和布置上，处处体现京味，吸引顾客主动拍照。每桌必点的蜂窝煤炒饭更是顾客最喜欢拿出手机拍视频的爆款菜品。

当服务员用打火机点燃酒精，一团火苗瞬间蹿上来，把形状酷似蜂窝煤的炒饭包裹着，人们仿佛回到了过去家家户户用蜂窝煤烧水做饭的日子，怀旧感油然而生。蜂窝煤炒饭可以选择水果味的甜口版，也可以选择腊肉、腊肠的咸口版，带有仪式感的一番操作结束之后，一口咸甜适口的炒饭下肚，从视听到品尝的流程就完成了，营销传播也自然而生。

网红店很注重营销，但餐饮更应该做长虹店，这也是为什么把营销传播放在单店模型 12 个要素最后一位的原因。有很多专业的营销理论、书籍和专家值得学习，但不能一味追求标新立异。对餐饮行业来说，首先得确保菜品好吃，其次才是营销传播。如果不好吃，顾客来一次，拍个照，尝尝鲜，没特别好的印象，下次就不会来了。

在“煲仔皇”的营销传播设计里，并没有什么特别惊艳的地方，更多是沿着煲仔饭传承千年、中国风味、温暖记忆的品类属性，在细节之处用心体现。例如，把最初的黑色砂锅改为传统的微褐色砂锅，视觉上更温暖，装修上还原了旧时土灶煲饭、瓦罐炖汤的场景，人们坐在原木色的老木凳，抬头看到传统中式屋檐，低头吃着一煲温暖的米饭，没有用力过猛的营销，但有细水长流的传播。

对餐饮行业而言，单店模型就是商业模式的最小单位，至少可拆解为上述的 12 点。把单店模型跑通，就奠定了商业模式的基础，能先确保活下来，这在创业之初是最为重要的。

第5节 不懂定位就不要创业，品类有三界

餐饮无大事，细节皆文章。想做好餐饮，就得把很多事情都拆解得很细；但我是一个特别喜欢抽象思维甚至有点儿天马行空的人。针对我这个特质，彭嘉荣曾经问过一个问题："如果你能穿越时空回去，辅导当年刚创业起步的自己，你会给自己一个什么样的建议或者提醒？"

我当时沉默了足足十多秒钟，这在人与人当面交流的时候是感觉很长的，他差点儿以为我不想回答。我后来说的是："有道无术术可求，有术无道止于术，不要只盯着做好一锅煲仔饭的具体技术。创业的人一定要学好定位理论，不然，失败概率会大很多，还不如不要创业。"

营销战略大师、定位理论之父、《定位》作者艾·里斯（Al Ries）于2022年在美国亚特兰大家中辞世，享年95岁。他在品牌营销方面给世人留下了很多宝贵的财富。艾·里斯在其著作《品牌的起源》指出：不管商家销售的是商品还是服务，本质都对应着某一品类，因此，品类是商界的物种，类比自达尔文在《物种起源》里谈到生物界的物种。

这些品类存在于顾客的心智当中，随着科技发展和商业变化，会不断分化出新的品类。商家总是希望建立强大且长久的品牌，他们会争取让自己的品牌直接代表其所在的品类，后进者也想打造强

势品牌，捷径就在于开创并主导一个新的品类，而不是在已有的品类里硬拼先进者。

顾客在购买决策上最原始的思考有两个，一是买什么，二是去哪买。在供大于求、选项过多、信息不对称的情况下，顾客还会思考第三个问题——怎么买。这三个思考对应了商业社会里的三个界别：产品、渠道、导购。这三个界别对应到具体企业的品牌战略上，就是产品品牌、渠道品牌、导购品牌。

在深耕消费行业投资多年后，天图投资创始合伙人冯卫东总结出了上述的品类三界，希望帮助创业者从中做好定位，获得事半功倍的效果。从艾·里斯到冯卫东，从书籍到课程，不断迭代进化的定位理论帮助许多创业者避免了很多踩坑的风险，也获得了创业的成功。

当要回答“买什么”的时候，提到的品类品牌就是跟产品相关的。例如，在汽车品类里，“特斯拉”“奔驰”“宝马”“奥迪”就是产品品牌；在物业品类里，万科、中海、保利、第一太平戴维斯就是产品品牌；在洗发水品类里，“海飞丝”“潘婷”“欧莱雅”就是产品品牌。

当要回答“去哪买”的时候，提到的品类品牌就是跟渠道相关的。例如，“沃尔玛”“家乐福”“联华”“华润万家”这些线下超市是对应着日用消费品类的渠道品牌，“全家”“好德”“711”这些便利店也是这样的渠道品牌，区别是前几者更全更大量，后几者更精简更便捷。消费者想获得这些产品还可以到线上，“天猫”“淘宝”“京东”“拼多多”就是线上商城渠道品牌。

当要回答“怎么买”的时候，提到的品类品牌就是跟导购相创业的人一定要学好定位理论，不然，失败概率会大很多，还不如不要创业。

关的。例如，在互联网搜索引擎品类里，谷歌、百度、必应就是导购品牌；在餐饮指南品类里，米其林、大众点评、Yelp、猫途鹰（Tripadvisor）就是导购品牌；在信用评级品类里，标普、穆迪、惠誉就是导购品牌；直播带货风潮兴起之后，一些拥有大量粉丝及影响力的网红个体也成为了导购品牌。

产品在生产出来之后，会通过渠道和导购，最终到达客户手里。要获得客户认可，产品品牌、渠道品牌、导购品牌都有各自重要的任务。

对做产品的品牌来说，产品的品质是第一位，品质差的产品用再好的渠道去销售，最多也是昙花一现，没办法形成长期购买和重复购买。

对做渠道的品牌来说，会非常重视为客户降低交易成本，其中最重要的价值无疑是便宜、便捷和多样性。早到以前的地摊集市，近到现在足不出户的线上商超，人们知道去这些地方就能有丰富的选择，可以货比三家，可以节省大量时间。

对做导购的品牌来说，知道客户既有自由选择的快乐，也常常有繁花乱眼难以决策的痛苦，于是站在客户立场进行权威验证、贴心甄选、专业推荐，让客户降低决策成本。

在商业社会中，所有企业都知道自己在为顾客提供价值，而创业者在出发之际就应该知道自己到底属于上述三个界别里的哪一个，想清楚自己必须做好的首要任务。

产品品类是三个界别里最为丰富的，也是最古老的，很多创业者起步的时候都说做一个好产品，我也不例外，要研发好吃的煲仔饭，要打造顾客喜欢的煲仔饭餐厅。

然而，学了定位理论并研究了品类三界的概念后，我认识到煲仔饭和煲仔饭餐厅是两个不同的品类。煲仔饭可以在餐厅里堂吃，也可以做外卖送到家，还可以像方便面一样，以方便煲仔饭的形式卖给消费者。

这三种产品对应着不同的渠道品牌。例如，餐厅可以开在购物中心里、社区边上、交通枢纽或旅游景点。外卖甚至都不需要餐厅店面，有个制作场地就行了，然后直送到家。方便煲仔饭可以在工厂生产，再通过线上线下的商超渠道进行销售和配送。

通过学习，我逐渐意识到，原来餐厅也可以看作一个产品。这个产品应该对应什么渠道，每个渠道各自的优缺点是什么，“煲仔皇”餐厅到底应该放在离消费者住处近、起步相对容易的社区边或马路上，还是放在准入门槛更高、消费水平也更高的购物中心里，在哪个阶段又适合选择哪个渠道……这些问题都要做更深层次的思考和选择。

餐饮对渠道最原始的选择形态是街边店，随着经济发展和城镇化建设，很多城市出现了购物中心这个渠道形态。购物中心这个渠道集聚了多种多样的产品和服务，例如服装、首饰、化妆品、日用品、餐饮、书店、游戏、电影等，吃喝玩乐都在一起了，相应的商家店铺就是购物中心这个渠道里等待消费者选择的一个个产品。

既然购物中心是一个渠道形态，就筛选和聚集了一批相应的消费者，例如在周边上班的白领、专门来休闲娱乐的人及家庭。入驻购物中心的商家就能更好地掌握群体画像，其中包括年龄性别、消费能力、喜好需求等特征。

“煲仔皇”在创立之初的好几家店都选择了街边店，和当初在

“老家肉饼”“一品三笑”的选择如出一辙，一方面是习惯和经验导致的，另一方面，是觉得自己品牌力和标准化还不够强，未必达到购物中心的招商条件。

但通过对定位理论和品类三界的学习，我意识到如果自己想打造受人尊敬的煲仔饭餐厅品牌，购物中心这个渠道形态是非常有价值的。

一方面，“煲仔皇”想获得购物中心赋予的价值就得有所付出，相当于渠道倒逼产品升级，“煲仔皇”的产品品质、门店形象、服务体验都得改进；另一方面，从购物中心的角度来看，当时可供招商引进的优质米饭餐饮品牌并不多，能跟“煲仔皇”合作也是让商场更有竞争力的一种选择。

换而言之，“煲仔皇”餐厅这个产品和购物中心这个渠道是可以合作共赢的。于是，我大胆尝试和升级，门店数量还没到 10 家的时候就把“煲仔皇”开进了购物中心。

在“煲仔皇”的投资方名单里，有一个叫“西藏元昆”，是世纪金源集团旗下的投资机构。世纪金源集团的业务很多元化，拥有房地产开发、星级酒店、购物中心、金融资本、矿业开发和物业管理等。

世纪金源最早是“煲仔皇”的房东，后来发现这个煲仔饭快餐品牌在自己旗下购物中心的发展很不错，于是产生了浓厚的兴趣，最后不仅投了钱，还让“煲仔皇”拿到了旗下购物中心的“优先入场券”，在门店位置、租金议价等方面提供了很多的实质性帮助。

这个投资是“煲仔皇”在决定进入购物中心渠道之初完全没有想到的惊喜，也从侧面体现了商品选择合适渠道的重要性。

换个角度看，是不是美食街、社区店、交通枢纽店、旅游景点店这些渠道形态就不适合“煲仔皇”呢？也不是，只能说购物中心店的商品模型不能硬套到其他渠道形态上，如果做一些调整可能就合适了。

社区店主要是满足居民出门和回家时候的餐饮需求，停留时间不会很久，打包的机会上升，那门店可能就得多考虑腊味、烧味、卤味这些可供零售的菜品，而门店面积也未必要像购物中心店那么大。

在高铁候车厅、机场航站楼这种称为交通枢纽的渠道形态里，出餐速度要求比较高，餐食的普适性、便携性、易用性就要加强，门店里的菜品可能要进一步减少，以配合旅客们更普适的需求和更快速的节奏。

主做堂食的煲仔饭和主做外卖的煲仔饭，看上去都是煲仔饭，但掌握品类知识概念之后，就知道它们在严格意义上不是同一个定位。我的初心是做一个煲仔饭餐厅品牌，餐厅的核心服务模式是堂食，外卖是附带的服务模式。

在2017年那一轮融资的时候，“煲仔皇”拿到不错的估值，主要因为当时外卖业绩非常好，但我依然没有在外卖业务上发力。如果当时在外卖上发力，完全可以开出大量的外卖店，这可能是一门很赚钱的生意，但它很难成为一个世界级的品牌。

煲仔饭餐厅可以开遍世界，而煲仔饭外卖可能只适用于中国市场，如果把重心大幅转移到做煲仔饭外卖就有悖初心了，也几乎不去想做方便煲仔饭的零售业务。

与之类似的，同样都是咖啡，“雀巢”速溶咖啡是一个方便食品品牌，“瑞幸”咖啡是一个主打外卖或外带的咖啡品牌，“星巴克”本质是一个以咖啡为主题、区别于家庭和工作的第三空间品牌，它的咖啡卖得很贵，因为价格里还包括咖啡店的空间价值。

消费者未必花时间去仔细想这三者的差别，但行动上已经做出了选择：想要快速便携，会选“雀巢”速溶；早上或午后给自己消除困乏，会选“瑞幸”；找个地方待一会或约人谈事，会选“星巴克”。

懂得了个中道理之后，咖啡创业者就知道自己在做什么品类，而不是眉毛胡子一把抓，一看到卖咖啡的，就觉得是自己的直接竞争对手。

现代商业社会的竞争越来越激烈，不管选择提供产品，还是选择做渠道，又或者选择为客户做好导购服务，创业者必须清晰地知道自己选择了什么，把自己所选择的那一个界别做到最好，还要了解其他两个界别在发生什么变化，对自己的影响是什么，最终把三者统筹起来思考，才能让创业更有机会成功。

起步于河南的“锅圈食汇”（以下简称“锅圈”）是一家知名的食材连锁超市，为顾客提供在家吃饭解决方案。创始人做过大众餐饮，包括烤鱼、烧烤、火锅等，这时候的创业选择很明显是产品界别。在 2015 年，转做供应链，向餐饮门店提供食材。2017 年，又变革成零售模式，直接向消费者提供食材。

随着新冠疫情爆发，“在家吃饭”成为更多人的选择，能直送到家的方便食材及预制菜获得了大爆发的机会，消费者可以在“锅圈”的线上线下门店买到价格不贵、丰富多样的火锅或烧烤食材。即使在疫情结束后，这个消费趋势也有增无减，“锅圈”的门店规模在 2023 年已经达到 1 万家。

乍看“锅圈”的商业模式是在提供产品，但本质是做渠道。“锅圈”整合了上游海量的食材资源，通过直营店和加盟店的自建渠道模式，在火锅、烧烤的主营品类基础上，向自加热、中餐预制菜、生鲜、饮品、小吃、零食、烹饪器具延展，成为消费者青睐的一站式、丰富、便捷的食材渠道供应商。

从另一个角度看，“锅圈”对标的海外企业是美国上市企业“西斯科”（Sysco）、“美国食品”（US Food）等食品经销配送供应商，也包括专注在社区附近提供食品及杂货的连锁企业“克罗格”（Kroger），这些企业的商业模式都侧重于渠道。

“锅圈”不仅得到众多专业投资机构的青睐，还获得了相关产业资本的投资，例如，国内食品业巨头“三全”食品、“茅台”与“建信”信托合资成立的茅台建信基金，以及连锁超市“物美”旗下的“物美”联合资本。这些产业资本之所以积极介入，既有对投资回报的期待，也有对自己在渠道销售的布局需求。

产品、渠道和导购三者之间并不是楚河汉界，没有不可逾越的鸿沟，也会有交叉相融的地方。

例如，很多大型超市品牌会推出自己的自营商品，美国会员制连锁超市“开市客”（Costco）里面就有四分之一的商品都属于其自营品牌“柯克兰精选”（Kirkland Signature），中国电商巨头“京东”也倾注了大量的资源在自营产品上。

又例如，“苹果”公司在产品方面的优势独一无二，拥有自己研发的 iPhone、iPad 和 Apple Watch 等，但也没有放弃对渠道的介入，建立了大量的“苹果”直营店。如果把购物中心看成渠道货架的话，“苹果”直营店和“煲仔皇”餐厅又是同样的角色，成为渠道货架上的一个个产品，共享着同一个购物中心的流量。

但值得注意的是，“开市客”（Costco）最初选择的是渠道界别，“苹果”公司最初选择的是产品界别，它们都是把自己核心工作做到相当高水平后，才跨界兼顾另一个的界别。对创业者来说，尤其是白手起家的人，资金、资源、时间、团队都极其有限，绝对不可能一口吃成个胖子，专注在自己最初选择的界别会更明智，也更容易获得成功。

第6节 创业要学透定位升级，品牌有三问

定位理论源自美国，在中国市场被投资人、企业家、创业者进化迭代出新的版本，其中著名的要数天图投资创始人冯卫东提出的“品牌三问”，他也被誉为最懂中国消费品市场的投资人，这三问分别是：“你是什么？”“有何不同？”“何以见得？”。

这三个问题都是从顾客角度来看品牌，品牌存在于顾客认知之中，离开了顾客认知来谈品牌都是空洞无物的。

面对“你是什么”，很多创业者和企业品牌往往会拿出一段很长的介绍，讲述自己的历史悠久、特点突出、能力很强、体验很好、值得信赖等，但其实，顾客只是想知道“你的品类是什么”。在人的认知里，真正愿意记的、能牢牢记住的信息非常少，充其量只能辨认或记忆相应的某个品类而已。

顾客有了需求之后，往往先想到品类，而不是品牌，因为需求的本质是指向某个品类的。例如，顾客脑子里想着吃火锅，火锅这个品类就是他们最直接、最一步到位的思考结果，之后，才是搜索附近餐厅，询问朋友推荐，或者联想到某个火锅品牌。

如果能让顾客在想到某个品类的时候，同时想起某个品牌，那这个品牌无疑是非常成功的，例如顾客想吃煲仔饭（品类），如果脑海里第一反应是去“煲仔皇”（品牌），那“煲仔皇”就是煲仔饭

这个品类里非常成功的品牌，几乎等同于品类代言词。

值得一提的是，这里的品类并不是国家标准、行业协会或专业人士所界定的分类，也不是企业自己创造或划分的类别，而是长期以来存在于顾客心智和认知中的、拥有普遍共识的类别。

例如顾客心目中存在的品类是手机、电脑、平板电脑，而不是行业技术分类里的 3C 产品［计算机（Computer）、通讯（Communication）和消费电子产品（Consumer Electronics），三者简称 3C］，后者在顾客认知里毫无存在感。

在回答“你是什么”的时候，品牌要极力去寻找、分辨和筛选自己所在品类的关键词，或者称为代名词。这种词的字数一般非常少，就两三个字，极少超过五个字。虽然字数少，但联想效果非常强，能让顾客望文生义，或者顾名思义，一看到品牌名就能准确且自然地联想到背后的品类和特性。符合这个逻辑的品牌名往往也很有记忆点，更有利传播，人人都听得懂，记得住，说得出。

一个优秀的品牌名绝对是企业的一项重要资产。有一个好的品牌名，不一定能确保创业成功，但至少在占领心智上实现事半功倍的效果，推广一个不怎么样的品牌名，要花不少营销费用，还可能达不到效果。

同样是移动互联网即时沟通工具的品牌名，腾讯的“微信”比阿里的“来往”要好很多，“微”字既体现了即时沟通所产生内容的微小化、碎片化，又有一些快捷、轻便的感觉，“信”对应了书信、信息、信号，而“来往”虽然能被联想到“书信来往”，但也可以被联想到交通运输等方面。

阿里在起品牌名方面也有很不错的案例。“闲鱼”是阿里旗下闲

一个优秀的品牌名，
绝对是企业的
一项重要资产。

置交易平台的品牌名，“闲”字让人联想到闲置、闲散、闲暇，“鱼”是剩余、多余的谐音，也符合阿里喜欢用动物给旗下业务取名的习惯。闲鱼一开始只是阿里庞大业务版图里一个非常小的分支，没做过多少营销推广，但这个品牌名朗朗上口，深入人心，现在已经牢牢占领了这个市场及品类的第一把交椅。

“煲仔皇”在创业之初的头几年并不叫“煲仔皇”，而是叫“仔皇煲”。仔在粤语中的意思是小的、年轻的，“皇”是顶级、最好的意思，“煲”当然就是指煲仔饭。“仔皇煲”“煲仔皇”都有着同样的三个中文字，只是文字顺序上的不同，但认知里的区别却很大。“煲仔皇”和煲仔饭的顺序是一致的，“仔皇煲”和煲仔饭却完全不一致。

“仔皇煲”，不管读还是记，都有些怪怪的，让人感觉很别扭。不要小看这一点点的别扭，十个人里可能有九个人读错记错，有的说“皇仔煲”，有的说“皇煲仔”，还有的说“煲皇仔”，反正结果都是一样，就是记错，就是不好记。

从 2012 年 3 月 18 日第一家门店开业，“仔皇煲”这个名字使用了整整十年，一直到 2021 年才被改成“煲仔皇”。改名后的沟通特别顺畅，从投资人到合作伙伴，从员工到顾客，几乎讲一遍就记住了。

创业肯定要交学费，但有些学费是可以避免的，“煲仔皇”的品牌名就是这么一个非常经典的案例，好好学习定位理论能让创业者少交很多学费，少走很多弯路。

面对“有何不同”，显然需要从差异化角度进行回答，这个差异化依然要从顾客角度出发，而不是品牌自己强加的“与众不同”。

很显然，“销量第一”“行业首创”是一种容易被顾客认可的差异化，但并非所有品牌都能做到，没排到第一、不是首创者的品牌就得另辟蹊径，例如主打某种特性，成为细分中的第一或首创，甚至兼顾两者，成为“新品类的第一名”。

例如，牙膏品类里有各种品牌，有的主打防蛀，有的主打美白，有的主打健齿。又例如，奶茶品类一开始只是牛奶加茶，后来有品牌添加耐嚼好吃的珍珠，于是突围而出，之后，大家都效仿，就回到同一起跑线上，再之后又有品牌提出自己不是用茶粉冲茶，而是用原叶冲茶，更加新鲜和健康。这些迭代都是在顾客的认知里不断寻找差异化，在细分里不断挖掘细分。

当品类的某种特性成为其首要特性的时候，最早或最能占据这个特性的品牌就获得很大的优势。例如“老板”牌油烟机针对中式厨房油烟重的特点，主打“大吸力”特性，不断强化和教育消费者，使得消费者把噪声低、能耗低等特性的排序往后放，甚至不惜战略性放弃一些习惯于西式厨房的消费者，这反而让“老板”牌丢掉了“既要又要还要”的束缚，获得了更多的市场份额，成为了大吸力油烟机的细分品类领先者。

“何以见得”这个问题代表着顾客的各种怀疑，也意味着要解决信任的问题：“虽然我决定要买，但为什么是把钱给你，而不是给别人？”

信任状的常规建立方法是从众和权威。去一个不熟悉的地方吃饭，找一家新餐厅招呼客人，顾客很容易没有安全感，于是要根据一些特征来排除风险，建立安全感。为什么人们会习惯性地认为“排队人多的一般都是好餐厅”？因为口碑好的，通常不容易出问题。

对于一个初创不久的品牌，可能还拿不出特别亮眼或惊人的数字、事件，但依然可以在微观角度建立信任状，例如一定时间的质量保障，不满意包退换，等数量和口碑积累起来之后，等自己变强了，就有更多方法巩固和提升自己在顾客心目中的信任状。

对餐饮来说，好吃就是信任状，吃一次可能靠营销，一直吃就不可能只是靠营销了，“煲仔皇”从一开始就选泰国茉莉香米、“皇上皇”腊肠这些品质很不错的食材，其实就是想让产品自己说话，久而久之就有口碑了。

当“煲仔皇”餐厅越开越多，进驻更多的商圈、城市和地区，成为人们耳熟能详、举目常见的餐饮品牌，这是更强的信任状。不断融资成功，上市成为公众公司，走向海外，成就国际化品牌的同时，信任状也上升到更高水平。

第7节 商者无域，怎么解决硬币的两面

学习定位更多用的是抽象思维，做好单店模型要运用更多具象思维和具体操作，每个创业者的能力和风格都不一样，却面对着创业的全方位挑战。于是，有些人在单店模型上磕磕绊绊，表现将将及格，有些人却是单店模型的高手，做一个成一个。

俗话说："成大事者不拘小节。"但餐饮是一个特别贴近生活的行业，生活里有很多细节，做餐饮如果不拘小节，顾客体验就不会好。如果只做一两家餐厅，感知力强是好事，感性的人更有优势。我观察了身边那些单店模型的高手，他们的生活方式都比较精致，日子过得丰富和多元化，有自己独到的角度。

硬币是有两面的。我也看到，那些单店模型的高手遇到标准化问题，往往就头疼。当门店规模增长到一定数量之后，也必然超出个体管理者的精力极限，于是要建立一个强有力的组织去运营。与此同时，还要把单店模型中的每一个环节都变得模块化、程序化和标准化，才能方便复制。这时候，就需要更理性的人来操作，效果才会更好。

感性的人和理性的人，创意性的尝试和标准化的管理，之间并没有优劣之分，只是用于不同阶段、适合不同位置而已。

这也引出了想获得商业成功的一个重要话题——商者无域，创业者要有"上帝视角"，思考

和做事都不应该有视角限制。不被过去成败得失所固化，不拘泥于某个单一角度和模式，懂得站在更高的维度去判断，因地制宜、与时俱进地进行选择和整合。

想做成世界级餐饮品牌，尤其在快餐这个赛道上，规模是绕不开的话题，而且单店模型越好，越适合复制。在多年后，当“煲仔皇”发展到一定规模，面对如何继续扩大规模，是否应该开放加盟、如何开放加盟的问题时，我提出了一个创新的理念：“煲仔皇”有自己独特的加盟模式，核心是各方做好各自最有优势的事情，达到联营共赢的结果。

想出这个解决方案并不容易，至今也未必完美，“煲仔皇”在创立八年达到60多家门店之后，才尝试开放加盟，并且把加盟范围及规模都控制在一个很小的范围内，有好的结果才稳步扩大。

在此之前，尤其在现金流最艰难的时刻，肯定是思考过加盟这个模式，但在品牌不够成熟、盈利模型存在不确定性的情况下，开放加盟是对加盟商的不负责任，同时也会给品牌带来很大的声誉风险。

当直营店都开店成功率不高，回报周期长，利润率低，加盟店的情况肯定更艰难。只要不赚钱，加盟商就很容易“反水”，意思是变卦背叛，他们会去换个品牌加盟。这对原品牌的伤害是很大的。

不管加盟合同在法律角度设立得多么周全，就算没有产生经济上的显性损失，但在品牌声誉、信任信心、发展速度和品质上都是有隐形损失的，而且后者的杀伤力更大更致命。

加盟模式想获得成功的首要条件是保证开店成功率，也就是让开了的店能够存活下来，品牌商和加盟商才能共赢，才有机会继续

商者无域，
创业者要有
『上帝视角』，
思考和做事
都不应该有视角限制。

加深合作。“煲仔皇”首批加盟商绝大多数都是有餐饮经营经验的人，加盟店的发展在一开始依然磕磕绊绊，没有达到预期的目标。

在分析之后，我认为加盟模式在不同品类上的适用性是有差异的，小吃类、饮品类采用加盟模式比较容易成功，因为复杂性和操作难度较低，而包括正餐、快餐在内的重运营的餐饮品类，采用加盟模式就比较有挑战。

一方面，加盟商对门店的装修建设和运营管理是比较弱的，哪怕之前做过餐饮，也需要一段时间学习煲仔饭这个品类，才能成长为专家；另一方面，一旦加盟商只顾着赚钱，在食品安全、服务质量上出现严重问题，那将可能波及整个品牌，会产生灾难性的打击。

这种传统的加盟模式很容易导致加盟商牺牲品质来压低成本，因为他们只有这样做，才能把自己的利润最大化。例如，食材采购能便宜一毛钱就便宜一毛钱，员工福利保障这些支出能省则省。

就算品牌商控制了供应链，实现了中央厨房生产和全程配送管理，但只要门店运营还在加盟商手上，加工环节依然存在漏洞。例如，冻品解冻后只要没闻到馊味，都还继续用，说好的切配后两小时不使用就要丢弃，实际操作中却不丢弃。门店运营处处皆细节，品牌商花再多精力进行抽查，也无法杜绝这些现象。

品牌商的核心能力是什么？加盟商的核心能力又是什么？这意味着他们能做到且可以提供给别人的东西。品牌商的核心利益诉求是什么？加盟商的核心利益诉求又是什么？这意味着他们正在追求的东西。如果有一个方案能兼顾这四者，才能真正做好加盟。

专业的人应该做专业的事情，俗话说：“有钱的出钱，有力的出力，其余的来捧个场也好。”就是这么一个道理。品牌商需要资金进行规模扩张，占领更多市场份额，从而提高品牌价值。加盟商熟悉所在市场，有本地资源，相当于“地头蛇”，更有机会拿到优质稀缺的商铺，也可以更好地发动和维护关系。加盟商看重的是投资回报，而投资回报来源于品牌商提供好的品牌影响力和成熟的运营体系，通过对门店的经营管理，形成产出回报。

两相对照之后，我发现了“过江龙”和“地头蛇”能够进行优劣互补的“加盟联营模式”。加盟商的身份更接近一个单店或某几个门店的投资人，投入初始资金，获得相应股份，搞定商铺及相关资源，不需要直接参与日常运营。品牌商提供品牌授权、运营建设、管理培训和供应链，根据营收和利润获得相应激励。

简单地说，品牌商负责品牌、产品和管理，加盟商负责出资，双方在约定好的规则下分享利润，共担风险。进一步来说，品牌商还可以提高对加盟商的筛选门槛，例如更高的出资额、成熟投资者、过往案例及价值观考量。

这个模式让直营店和加盟店成为了一盘棋，因为所有加盟门店的管理都由品牌商负责，管理好坏所导致的盈亏也对应其在相应门店拿到的费用或利润。品牌商和加盟商站在了同一个利益点，捆绑得更紧密了，加盟商触碰红线和小富即安的情况也大大减少。

商者无域，意味着要想商业成功，认知必须灵活，不能被历史固化，永远没有完美的选择，但会有更好的选择。

在新模式下，新的挑战也随之而来。要让门店管理达到预期，店长及候任店长是起到关键作用的少数人，于是压力给到了品牌商，给到了“煲仔皇”，这非常考验其人才的筛选能力、培养能力和复制能力。从煲仔饭餐厅到整个中餐行业，标准化都是一件难事，其中的人才培养更是难上加难。

在这些绕不过去的硬骨头面前，也只能老老实实地啃。企业之所以称为企业而不是手工作坊，很重要的区别及核心能力就是标准化、流程化和可复制化，想要稳健地规模化扩张，就必须做好流程管理和人才培养。

第8节

先完成，再完善，接受不完美

要完成创业目标，创业者得整合好资金、技术、人才和时间这四个资源要素。其中有一个要素比较公平，那就是时间，因为每个人每一天都有24小时，也只有24小时。当资金不足、技术有限、人才匮乏的时候，时间就显得更重要了。先完成，再完善，接受不完美。时间和精力都是有限的。一旦事事追求完美，能量很快就会被耗光。

创业者永远要让自己先做重要的、核心的事情，眼睛要盯着整体任务的闭环及完成，才能实现自己的时间最大化。与之相反，应该极力避免的事情就是不要过分追求完美，不要被一两个难点长时间卡住，永远减少甚至拒绝做鸡毛蒜皮的事情。

在游戏行业里，最早的收费模式是消费者购买整个游戏，之后就不再需要付费了。在网络游戏诞生后，出现根据玩家上线时长进行收费的模式。之后很多游戏都免费开放给玩家，转为在游戏里设置一些可以增强玩家能力、降低获胜难度、缩短通关时间的装备道具，吸引玩家付费购买。

再后来，游戏厂商发现很多玩家有自己特别喜欢的角色造型和动作特效，于是推出不同的皮肤来收取费用，这些皮肤和特效往往被设计得很精美和有趣，特别吸引眼球，也让付费玩家很有自豪感、优越感，游戏公司就能从中大赚特赚。

如果把顺序反过来，游戏厂商只顾着把皮肤做得很好看，但游戏本身不好玩、不耐玩，甚至有很多不合逻辑的差错，俗称“有 bug”，也就是游戏的骨骼出了问题，这款游戏就赚不到钱。

很多创业者在细枝末节上花费了大量的时间精力，做出来的东西或许挺好看，自己感觉挺满意，但因为没把真正决定生死成败的核心问题处理好，例如现金流、最小化可行产品、用户增长等，创业往往以失败告终，这是非常可惜的。

一方面，思考本质、找到关键、筹划未来是非常挑战人性的。

在创业过程中，从零到一这个阶段非常难，绝大多数初创企业活不过 5 年，失败率高达 90% 以上。这一定是某些地方出现了致命的问题，需要创业者直面事实、自我剖析和深度思考，才有机会解决。

这时候，需要启动智人脑，会消耗很多能量，但从大脑天然的“趋利避害”机制来看，会逃避这样的事情，会不自觉地让人做一些小修小补的事情，甚至自欺欺人，美其名曰“尽善尽美”。毕竟，思考大方向、调整大结构、完成整个闭环这些工作让大脑感觉太累了。

另一方面，很多人在创业前的工作模式都是完成被企业或上级领导所分配的某一任务，本质上是完善某一环节，而不是自定目标并领导完成一个整体任务。

例如，研发部门负责开发和找到新的技术，重点关注先进性；产品部门负责了解和满足客户需求，重点关注应用；市场部门负责找到目标群体并做好营销，重点关注品牌和传播；销售部门负责完成业绩，重点关注收入数字；财务部门负责管控成本和风险，重点关注盈亏。

先完成，再完善，

接受不完美。

时间和精力都是有限的。

一旦事事追求完美，

能量很快就会被耗光。

就像赛车一样，从完美角度，每个员工都可以持续改进自己负责的那个部分，但从完成角度，创业者是车队经理，也是赛车手，必须认识到这辆赛车正在一边上路比赛，一边维修升级。

对于创业这场比赛，完赛是最重要的。也唯有在完赛后，才能整体复盘，才能看到全貌，去验证之前所想的方向和模式是否正确，然后改进方案，再次执行和完成，不断循环往复。这就是创业者和投资人常说的："先做出来，先跑一跑，看看能不能跑通，然后再改进。"

硅谷创业家埃里克·莱斯（Eric Ries）在其著作《精益创业》（*Lean Startup*）里提出了最小可行性产品MVP（Minimum Viable Product）的概念，这个方法论指导着创业者按以下顺序进行创业尝试：快速低成本做出一个雏形→验证需求→调整方向→继续快速迭代。这个方法不仅可以用在初创公司上，成熟的企业或者大公司做新产品的时候也可以运用。

埃里克·莱斯认为，快速低成本可以达到相当彻底的程度，例如，围绕产品所解决的需求，直接推送给客户，而不在意这时候的售价高低和利润大小；只改变众多要素中的一项，测试客户的敏感度和接受度；尝试用众筹等低成本方式，了解客户真实的喜爱程度；甚至通过市场上现有的工具和服务，组合起来变成一个可行性产品的雏形，向客户传递自己的理念，然后得到客户真实反馈。

追求完美是需要成本的，从0分到60分、从60分到80分，从80分到90分，可能花费的成本是差不多的，而越往后能取得的进展越小，也越困难。这不代表创业者要放弃或放松对事情做得越来越好的追求，反而正是因为在此处有舍，在彼处才有得。

创业是一个资源极其匮乏的游戏，创业者面对的战场很大，要分清主次。主力部队虽然战斗力最强，但不可能什么地方都派他们去，也不是什么战斗都必须赢得漂漂亮亮。创业每个阶段都有相应的核心关键，应该被牢牢抓住和突破解决，其余的环节只要及格，只要不致命，只要不严重拖后腿，就应该允许其存在。

追求完成不代表粗制滥造，更不是得过且过，相反要在复盘的时候把“完成”三要素真正提炼出来，分别是“做对了什么”“为什么做对了”“对的事情怎么加强、复制和扩大”。

我的三段创业经历都是做连锁餐饮，但我对连锁复制是很有敬畏之心的，单店模型没做好之前，不适合盲目快速开新店。

有些人觉得，现在业务不好是因为规模不够，一旦规模到了一定程度，各种成本可以摊薄下降，还认为品牌也能随规模变大，更被大众认可。事实恰恰相反，在最早的阶段，顾客并不是因为品牌来餐厅吃饭，他们只是来解决吃饭需求，如果好吃就会不断复购，不然可来可不来。

这点对其他行业的创业者也一样适用，当从市场反馈和数据表现得知自己的产品或服务销量很好，甚至供不应求，说明一定有些关键地方做对了，应该仔细地把它们找出来，加以研究和复制。

在外人看来，“煲仔皇”的单店模型一直都不错，但我知道自己并没有真正完善，只是因为中式米饭这个赛道一直没有太多巨头下场，也因为自己的融资能力和融资结果还不错，所以在头八年里陆陆续续把门店开到了近 80 家。

怎么定义单店模型没有真正完善？可以从餐饮单店投资的核心考量标准进行判断：店铺租赁合同一般以三年为周期，如果在一年半后收回单店投资成本，那么剩下的一半时间就是能真正赚到钱的。

“煲仔皇”在当时要两年半才回本，短短半年之后，租约就要到期，租金可能会上涨，门店装修和设备可能要翻新，等于几乎没有赚钱的窗口期，就又要投入资金。这意味着自由现金流并不好。

当时门店经营的流程特别顺畅，被别人觉得挺完美的。从技术看，聘请资深厨师研发配方，腌料和酱汁都是经过市场验证的，菜单里既有经典选项，也有季节时令款。从材料看，选用了上好的泰国茉莉香米，从老牌粤企“皇上皇”定制了肥瘦比例 4 ：6 的腊肠。

从后厨看，为煲仔饭品类定制了圆形的加热锅具，完美贴合砂锅煲的圆底，为了确保一分钟出餐，还研发了恒温恒湿、带空气循环的保温柜，连出餐窗口都配上了保温滑槽，确保送到顾客手上的前几秒都还处于保温状态。从前店看，中餐粤菜馆的经典元素都具备，装修得体，动线合理，光线柔和，就餐环境品质比肩国际品牌。

上述的某些环节可谓高分，甚至接近完美，但只要投资回报周期没有达标，单店模型就不能称之为好。

在创立八年之后，在不断学习和调试之后，在确立要突出品类第一特性之后，沿着定位理论的指引找到了锅气这一“灵魂”，打磨完成了单店模型的最重要一块拼图，实现了“煲煲现做有锅巴”，也终于让单店投资回报周期达到了目标，之后如离弦之箭，在疫情中逆势扩张，短短两年时间让门店数量翻倍增长。

这时候的“煲仔皇”依然不完美，但单店模型达标了，也就是完成了，这就是大于一切的成功。

第三章 脑袋富，口袋才能更富

第1节

做一家赚钱的公司，还是做一家值钱的公司

创业是一场以匮乏开场的游戏，在开场后的大部分时间里依然是匮乏的，不是缺人才、缺技术，就是缺资源、缺渠道，其中被创业者最多提及的是缺钱。

彭嘉荣到北京出差的时候，约我吃饭，我开车去接他。虽然是晚上，但他远远就认出了我的车，一上车就说："你怎么还是开这辆老车，好多年了吧，也不想换一换吗？"

我哈哈一笑，说："这不是穷嘛！其实，已经很好了，创业刚开始的时候，连车都没有，有钱也舍不得买车，都要用在公司里，或者拿去还利息。"

钱是每个创业者都绕不过去的话题，如果现金流断了，企业就做不下去，如果没有钱，很多事情都做不了，所以每个创业者都在想钱的事情，很多人也会谈融资，似乎没有融资就无法创业。

其实不是每一个创业都要融资的。在很多地方都能找到一些很有特色、规模不大的饭店、面馆，已经经营了很长时间，甚至传承了几代人，从来没有经过融资。开一个小餐厅真不需要投入什么天文数字，一个中产的经济水平就够了，而且餐饮一起步就有现金流，天天结账到账。

如果只为了养家糊口，为了实现个人情怀，为了过上稍微舒适的生活，创业融资不是必须的，毕竟，资本是双刃剑，一旦进入就会带来相应的要求

和压力。而如果像我这样，理想是要做全国乃至世界级的连锁餐饮品牌，光靠创业者个体的资金、企业自身发展积攒的利润，很难把规模快速做大。

我从创立“煲仔皇”的第一天开始就想好了要向社会融资，因为目标不一样，要做世界级品牌怎么可能没有规模，要上规模怎么可能不谈钱。我在钱上的考虑贯穿了“煲仔皇”的整个发展。

有些创业不需要融资也过得很好，有些创业从一开始就得积极拥抱融资。面对金钱，做什么样的选择，走什么样的路径，都由理想和目标所决定。

反过来，从资本的角度看，选择逻辑也是一样的。如果一家企业已经盈利，但在将来不想扩大规模，或不能扩大规模，其投资回报就是有限的，没有多大吸引力。如果一家企业还没盈利，但市场已经给出积极反馈，愿意购买其产品或服务的客户越来越多，一旦成本降低和规模变大，盈利就会迅速爆发，投资回报会很可观。

前者代表的是一种正在赚钱的现状，后者代表的是一种可能值钱的未来。而理想之所以称为理想，就是“基于某种理由对未来做出的想象”，资本看中的就是这种想象力，期待的就是想象力实现后所带来的巨大投资回报。

回顾“煲仔皇”的机构融资历史：2016 年 6 月，完成 600 万元 Pre-A 轮融资，投资方为真格基金、老鹰基金、星瀚资本。2017 年 9 月，完成 4000 万元融资，投资方为百福控股。2021 年 8 月，完成数千万元融资，投资方为元昆创投，这一轮的估值为 5 亿元。

一边扩连锁规模，一边调单店模型，直到 2019 年底，才把模型调整到一个比较理想的状态，足足花了八年时间，而资本在 2016 年就愿意进入，那时候，他们在表面上还看不到调整成功的机会。

在这种情况下还能得到资本的青睐，应该有两个原因：第一，理想愿景比单店模型更重要，前者如果不够好，后者再完美也意义不大，况且单店模型也是靠人调整的，只要方向对了，给人给钱给时间，总能调整到位。第二，理想愿景不仅要宏大，还要真诚，投资人才会被打动，中国崛起与民族复兴是必然趋势，餐饮是整个崛起过程中很重要的一部分，中餐在全世界都获得了认可，米饭品类是优选赛道，这就更打开了投资人的想象空间。

那怎么让资本产生好的想象？

我是贯彻“以终为始”这个思维，根据自己的理想目标，一步步把钱的事情倒推出来。如果我要做一个世界级的品牌，肯定要上市，上市就要融资，融资就要一轮轮来谈，谈的时候得让我和“煲仔皇”成为资本喜欢的样子，资本才会喜欢。

“凤栖梧桐”是中华民族历史悠久的传说，传说中的祥瑞神兽凤凰选择在梧桐树上栖息。如果把企业想象成一棵树，要招资本这样的凤凰，就得把自己打造成梧桐树。如果把企业比喻成一艘船，要得到资本助力的风，就得有扬帆远航的目标、结构和能力。

做成资本喜欢的样子，前提是对资本有足够的了解。投资这个领域是非常细分的，一级市场投股权，二级市场投股票，还有房产、大宗、债权、债券、衍生品等各种各样的分类。在创业股权投资的细分类别里，根据投资时机的进入早晚至少分成天使、VC（风险投资）、PE（成长投资）三种。

天使之所以被叫作天使，因为真的就像天使一样，在创业项目还非常稚嫩，甚至只有一个概念、一个 PPT、少数几个人的时候，就敢于为了创业者的梦想买单，把几十万元、百万元的资金投进来，可能投的 100 个项目里只有一两个能杀出重围，但回报也可能是几百上千倍，犹如天使下凡般美好。

天使投资人的认可，一定是因为跟创始人有强烈的化学反应，对其创业理想、未来愿景产生很强烈的认可和喜欢。

当创业者把业务逐步验证出来，尤其 MVP（Minimum Viable Product，最小可实现产品）已经测试成功，需要朝着优化、规模和盈利去努力的时候，就该 VC（风险投资）上场了。VC 投的钱可以帮助创业者实现一级级的杠杆效应，尤其在关键客户、重点领域和市场份额方面，加足马力往前冲，谋求之后数十、上百倍的回报。

当创业者把业务规模做到很大，就可以冲击上市，登陆更大的资本市场了。这时候轮到 PE（成长投资）进来，他们青睐投资拟上市公司的股权或已上市公司的非公开交易股权，因为此时有更高的成功确定性，所以愿意投更大的资金，哪怕收益只翻一两倍，也是一笔非常不错的买卖。

天使、VC 和 PE 的风险喜好都不相同，有各自的战略和取舍，但共同点是看“这是不是一家越来越值钱的公司”。能不能更值钱，取决于有没有发展，发展又取决于有没有选择做对的事情。

先选择做对的事情，然后才是找到方法把事情做对。创业者要忙的事情太多了，但任何事情都可以分成核心和非核心两部分，就跟树也分成树干和枝叶一样，创业者千万不要在细枝末节的地方钻牛角尖。

“好钢得用在刀刃上”，不管创业者选不选择融资，手上的钱都是有限的，要判断发展过程中什么事情是刀刃，敢于在刀刃上投入资金并拿到结果，面对那些不重要的事情就得非常抠门，甚至一分钱也不要花。

用一句简单的话来概括如何实现价值增长和商业盈利：找到一个正确的赚钱方法，然后不断地重复，持续地优化。

这就要求创始人得对自己商业模式拥有“点、线、面”的深刻认知：点是指有一个独立而完整的 MVP（最小可实现产品），可能是某个产品和服务，也可能是某个项目。线是指有一套方法和体系，能够不断地复制这些点，不断地支持这些点。面是指有一种源于理想愿景、能够长久发展前两者的组织力量。

煲仔皇的点、线、面分别是有竞争力的单店模型、安全稳定的供应链体系、高效执行的组织力。在资金极为紧缺的早期，我不惜牺牲盈利，也要持续投入，打造好这些重要的枝干和结构，而在拿到融资之后，还是把钱花在这三件事情上。

例如，在拥有第 3 家店的时候，我就组建了一个 11 人的管理团队，这个团队可以理解为业务中台总部，每个人负责一个板块，包括品牌、研发、技术、营销、采购、营建、财务、人力资源等。

3 家店我可以一个人管，13 家店可能也勉强能管，但 30 家、130 家就必须靠团队来管理了。如果到那时候，我才去建团队，肯定是来不及的；而且，建完之后，他们还要花时间去锻炼和成长。成长就会犯错，与其在规模大的时候犯错，还不如早一点儿开始犯错，成本会低很多。只有这些板块负责人成长起来，能成熟运作，后面才能开出百店千店。

在第 4 家店的时候，“煲仔皇”启动了 OEM 外包模式，自己掌握品牌、门店、设计、专利和配方等核心竞争力，指导或委托供应商进行采购、加工、生产、包装和运输，最后汇总到具体门店，进行饭菜现做和现场服务。

只有 3 家店的时候，各个门店各自为政，自己采购，自己切配，自己管理，但第 4 家店一开业，我就全部交给外包了。这个时候，光食材采购的成本就从 30% 上升到 45%。3 家店那么小的采购量，让供应商挨家配送，人家很不乐意，毕竟，他们成本也高，但我非要这么做，宁可给供应商多付钱。

在机构融资成功后，我更是花费重金打造组织力，既做好科学分钱，考虑各方利益，又不断加强企业文化的建设，从投资人到中台管理，再到供应商和各个门店，大家都知道要一起做一件有远大梦想的事，虽然途中遇到无数挑战，也有人进进出出，但初心一直没变，形成了很好的执行力和团队精神。

从仅拥有三四家门店的时候，就敢于超前投入资金，积极培养团队，开始建设能把业务做大的供应链，开始打造能把企业做强的组织力，这种选择从短期盈利角度看是不合理的，却为长期发展打下了更稳固和可持续的基础。

当然，这个打法非常凶险，各种成本都是高的。当时，11 个人的中台总部是纯支出，没有任何直接收入，供应商的供货和服务都加价了，单店模型还不盈利。不管怎么看，这都是搏命的打法。

如果在错的事情上搏命，那真的会没命，但连锁快餐重视供应链和组织力是对的事情，当时烧钱是找对了地方烧。再说，投资人也不傻，他们会一起判断，这么烧究竟对不对。“煲仔皇”当时的供应链和组织力都挺好的，单店模型是能存活的水平，还没有很盈利，一直在 2019 年才真正打磨到比较满意，这三个都到位之后就大爆发了。

于是，即使在 2020 年遭遇疫情，也不能阻挡“煲仔皇”单店模型升级后的大爆发，加上抓住了优质商铺店面的腾空机会，以及购物中心招商政策的友好放宽，“煲仔皇”一口气逆势开出 60 多家门店，一举奠定了煲仔饭连锁品牌的领头羊位置。

“煲仔皇”的头八年就像是一场“八年抗战”，打来打去都没有实现盈利，但账面没有盈利不代表公司没有价值，公司的内在价值是一直上升的。

创业者的创富有两种模式，一种是靠产生的利润赚钱，另一种是靠价值的增长值钱。前者比较容易理解，赚的是实实在在的钞票，后者指的是打造一家值钱的公司，值钱不只是被狭义理解为产品、设备、房地产等当下的实体资产，还包括品牌、技术、人才、市场份额等非实体资产。

2012 年 4 月，美国互联网科技巨头企业 Meta（当时名为 Facebook）以 10 亿美元的股票和现金，收购照片分享应用服务商 Instagram（照片墙）。当 Meta 创始人兼 CEO 马克·扎克伯格（Mark Zuckerberg）把想法告诉时任 COO 雪莉·桑德伯格（Sheryl Sandberg）和其他高管时，大家都震惊了。

要知道，Instagram 被收购时离创立只有 551 天，员工也仅有 13 名。当时，Facebook 的市值大约 1000 亿美元，拥有数亿注册用户，Instagram 用户仅为 2500 万，而且还没盈利。

历史上从来没有公司为买下一款如此初创的 APP 花上这么多钱，也没有类型相似、市值相近的公司可以作为对标参照，Facebook 的 CFO 甚至都无法从财务和数学角度来分析扎克伯格给出的这个收购价格是否合理。

在金钱面前，
创业至少有两种选择，
一是靠企业自身盈利赚钱，
一是靠企业价值增长
变得值钱。

然而，扎克伯格认为 Instagram 代表了其所在细分领域的未来，其商业模式、应用体验和数据增长都验证了这一趋势，而且收购成功只会让 Facebook 减少一个迅速成长的竞争对手，有益地增加自己未来发展的筹码和空间。

事实也证明了扎克伯格的眼光是正确的，随着 Meta 自身的不断发展和诸多成功的并购项目，其市值在 2023 年增长到了 8000 亿美元。

不是每家初创公司都能像 Instagram 那么传奇，能在创立不到两年后以惊人的价格被行业巨头并购，但 Instagram 的故事告诉了创业者一定要建立一个认知：在金钱面前，创业至少有两种选择，一是靠企业自身盈利赚钱，一是靠企业价值增长变得值钱。

自身盈利更多关注现在和近期，价值增长更多着眼长远的未来。创始人想融资成功，就必须向投资人呈现被其认可和相信的未来，就得靠理想愿景和战略能力，如果连理想愿景都没有，就没办法想象未来，要是战略能力差，就描绘不出通往未来的路径，估值自然也上不去。

股权融资、债权融资、信用担保都是借钱的方式，社会上永远不缺可以借到的钱，就看创业者能不能让投资人觉得自己的理想愿景值钱，觉得自己的战略和能力靠谱。如果又值钱又靠谱，甚至不需要创业者去找钱，钱自然会找上门来。

第3节

钱有两种形态，放在三个钱包里

我常说自己创业是平地抠饼，“煲仔皇”起步的钱都是借来的，还赔了，兜里没钱，内心难免会慌。但慌就容易犯错，所以不能慌，就算兜里没钱，也要从心里找到对钱的安全感。

创业好比是一场以匮乏开局的游戏，创业者都要学会找到方法，来处理自己内心的匮乏感。

人的大脑容易产生焦虑，焦虑的根本来源是担心未来可能产生的风险。值得注意的是，如果糟糕的事情已经发生，大脑产生的情绪是恐惧，而不是焦虑。恐惧比焦虑更具体、更聚焦，风险往往给人带来似是而非的模糊想象，所以焦虑对精神意志的损耗比恐惧更大，也更持久。

只要大脑还在运转，焦虑的产生就无法避免，因为大脑就是通过焦虑来驱使人尽快采取行动，以防御风险和解决问题。大脑的这个特点从远古人类时期就已经存在，这种对潜在危险的关注和焦虑，是人类赖以生存至今的关键。

试想一下，当人类知道生存环境里有猛兽的时候，肯定每天都很担心，要么想着怎么做好防范，要么想着怎么逃脱活命。如果你的先祖一点儿都不担心的话，那就肯定没有现在的你，因为你这一血脉早就在某一次风险中被淘汰了。

今时今日，尽管人类生活在一个更安全的时代，大脑却还在使用“旧软件”运行着。想降低焦虑和管理焦虑，不能靠逃避和硬扛，反而应该选择不断地把风险清晰化。虽然有点儿像直接面对自己血淋淋的伤口，但一旦面对了，模糊的焦虑就变清晰了，很多无端的想象就会消失。

安全感的建立往往来自于自己拥有着什么，安全感的下降往往来自于自己失去了什么，或者担心自己会失去什么。创业者可以经常回顾自己一路走来都获得了什么，尤其是可以变现的资产、可以调动的资源、可以团结的人才、可以信任的关系，这些也都是可以非常清晰化的。

我在“煲仔皇”创业过程中走的每一步都充满了对钱的思考，第一步就是帮自己建立对钱的安全感。创业可能会亏钱，那我就让自己心里拥有 1000 万元。

这 1000 万元是我名下房子的市价，这笔钱当时只是一个数字的形态，不需要马上变成真金白银的形态。我当时没有去抵押房子办贷款，我只是告诉自己，这可以作为创业的一个安全垫，也是一个风险预警值。如果创业失败，欠了一屁股债，大不了就把这套房子卖了。

在这么清晰的兜底金额面前，再去看看经营失败、企业倒闭、债务爆雷这些似是而非的亏钱风险，人会感到比之前多那么一些底气。现实发展也没有内心焦虑那么糟糕。一方面，房子慢慢升值，已经超过 1000 万元；另一方面，创业虽然因为坎坷而交了不少学费，但始终没犯致命错误，还不至于真的要出售房子。

电视剧《繁花》在 2023 年底播出后受到广泛热议，故事设定在 20 世纪 90 年代的上海，描绘了主角阿宝在改革开放浪潮中从平凡青年成长为商界翘楚的过程。

剧中有一位爷叔，是阿宝的贵人，做人机智灵活，懂得各种经商技巧，还精通股票、期货和外汇交易。爷叔不仅教导阿宝如何做生意，还教会他如何做人，帮助阿宝成为一名出色的商人。

爷叔说，人有三个钱包，第一个是你自己的钱包，第二个是你的信用，这意味着你能撬动别人的钱包，第三个是别人心里认为你有多少钱，这意味着别人对你钱包的想象。第一种是物质形态的钱，第二、第三种都是非物质形态的钱。

第一个钱包是实实在在的物质财富。它对应的是银行账户里的数字、手中的现金、名下的房产以及将来可能继承的家产。这些都是人们生活中的物质基础，提供了生活保障和安全感；但创业者要构筑安全感，光想着自己兜里有这些钱是不够的，这时候，就得把眼光投向外面。

第二个钱包代表着信用的财富。它对应的是你能够从别人那里调动的钱。在商业社会里，信用就是一种货币，从信用卡、房贷的还款记录到抽象的信誉、口碑、印象、人缘，这些构成了一个人的信用财富。信用财富在平时是摸不着看不见的，但在关键时刻就看能不能变现、能变现多少。

第三个钱包代表着别人眼中对你价值财富的判断。它对应的是别人会有多重视与你的合作，以及决定怎么与你合作。这个概念比信用财富更主观、更抽象，也更有想象空间。每个人在别人眼中都会有独特的形象定位和价值定位，在沟通和合作中，别人对你的看法比你自己的实际情况更重要，别人越看重你，你所获得的机会就越多，成功的概率就越高。

这三个钱包都非常重要，我有时会拿自己开玩笑，说："算命的人老说我兜里没钱，后来，我学会了自我安慰。我兜里没钱不重要，我能调动别人兜里的钱很重要，别人认为跟我合作能赚到钱也很重要。”

我这句话背后的金钱观跟《繁花》里爷叔的金钱观是一样的，对钱的操作应该谨慎，但对钱的看法和格局要大一些，不要只盯着物质形态的钱，要重视信用财富和价值财富这样的非物质形态的钱。

在“煲仔皇”起步之初，我得到了小姨的无息借款180万元。那时候，“煲仔皇”一家店都还没开，只因为我在同辈中为人靠谱，做事向来有头有尾有交代，所以得到了小姨的认可。

“煲仔皇”第一家店的股东都是熟人，包括曾经合作过的美食广场二房东、帮忙找商铺的中介经纪人、新领军者创业家俱乐部的会员朋友。股权投资比债权投资的风险更大，但他们选择了信任。

这些钱都是信用财富，也是之前所说的“别人兜里的钱”，全都被我调动出来了。

值得一提的是，不管信用财富，还是价值财富，都不代表拿了钱可以不还，一旦实事没做、信用破产、价值崩塌，要想东山再起就非常难了。

在《繁花》里，20世纪90年代的时候，爷叔指导宝总租80美元一天的豪华套房，穿精致的定制西装去谈生意，用一些场面上的东西来证明自己有可以跟别人合作的实力；但如果创业者一味只花功夫在光鲜的形象上，只为了场面好看和消费炫耀，这就误入歧途了。

Instagram被Facebook收购的时候，公司账面是亏损的，但价值财富是10亿美元，别人对跟Instagram的合作重视程度也水涨船高。同样的，我一直很重视“煲仔皇”的价值财富，不管当时门店数量

我兜里没钱不重要，
我能调动别人兜里的钱
很重要，
别人认为跟我合作
能赚到钱也很重要。

有多少、营收规模有多少，我都认为煲仔皇很值钱。只有创业者自己认可公司能值10亿元，别人才有可能也这么想，要是创业者自己都没信心，就不要指望别人多么看得起你。

心怀梦想的人做大事，身段灵活的人能赚钱，出言谨慎的人宜当官。在内心深处，创业者要觉得自己能干一番大事，而不只是靠创业赚点儿钱。可能别人觉得我有点儿狂妄，但我真认为10亿元的公司估值也只是阶段性的，而且事业成功比财富成功更重要。

《易经》中有一段话："取法乎上，仅得其中；取法乎中，仅得其下；取法其下，无所得矣。"大致意思是，当一个人制定了高目标，最后有可能只达到中等水平；如果制定了一个中等的目标，最后有可能只能达到低等水平；以此类推的话，制定一个很低的目标，最终可能一无所获。

这种思维对于创业者克服亏钱恐惧是很有帮助的。如果创业者最担心的是钱，那对缺钱的恐惧将大于一切，如果创业者最担心的是事业做不起来，那对缺钱的恐惧就会小很多。

我也担心缺钱，但我知道只盯着自己兜里的钱没有意义。如果我把公司做好了，我自己肯定有钱，如果我没把公司做好，我兜里这些钱也没意义。对我来说，钱是用来做好创业的一个工具。

有些创业者总是盯着自己的股份比例，如果事业最后没做成，占股100%都没用。如果真正想做一番大事业，应该是谋求企业价值最大化，而不是个人财富最大化，如果企业值100亿元，哪怕只占1%的股份，也对应着1亿元财富。

做创始人，这件事情就已经很酷，如果事业做成了，哪怕在过程中稀释了股份，成为了小股东，甚至被踢出局了，我认为也没关系。乔布斯也曾经被“苹果”的董事会赶出公司，但他永远是“苹果”公司的创始人，而且，他后来也杀回“苹果”，做出了 iPhone、iPad 这一系列划时代的产品。

做好事业，做好公司，做好自己，是一种“取法乎上”的思维，对于创业者构筑金钱安全感非常有帮助。安全感对创业者非常重要，安全感充足的人往往也特别有勇气。在决定企业生死存亡的关键时刻，勇气往往比能力更重要。在很多企业里，高管的专业能力可能超过创始人，但创始人往往是更有勇气、更敢决策、更能担责的人。

第3节 世界由协议构成，找钱就像花引蝶

这笔没有变现的1000万元给了我一个心理安全垫，但对于实现“打造令世界尊敬的餐饮企业”这个理想是远远不够的。没有足够的钱，就没办法打磨好的单店模型，没办法建设优质的供应链，也没办法让组织力不断进化。

这1000万元再让自己有安全感，也不可能跟员工和供应商画大饼，每个月发工资的时候总得拿出真金白银吧，那时候还是缺钱。于是，我当时马上对钱进行了第二步思考，从第一家店开始，就要找到投资“煲仔皇”的人，然后，我换位思考，想他们为什么要来投资“煲仔皇”。

在普通人眼中，钱首先是消费工具，可以用来买到自己想要的东西，人们平时的衣食住行全都得花钱。其实，钱的本质是交换介质，方便拥有各自财富的人通过这个介质，交换不同种类的商品或服务。

我在消费方面比较节制。该花的钱一分不省，应花则花，不该花的钱，尤其是铺张挥霍的事情，一分都不花。我觉得，如果我不尊重钱，钱也不会尊重我，更不会靠近我。

在创业者眼中，钱是置换工具，可以用企业的股权、债权换到现金，也可以用这些现金换到更好的人才和技术，还能换到更多的时间、更高的效率。

钱是资源，得用好，得配置好，得流动起来，才能真正发挥价值。再有钱的人也得学怎么用钱，没钱的人更要把钱用好。虽然我自己兜里没多少钱，但我一直觉得自己有很多智力资本。其实，每个人都有，知识、经验、判断、认知这些都是智力资本，但得用才能发挥价值，比如，拿去置换别人的现金和资源。

人类社会是由各种协议组成的，所以，在钱这件事情上，也可以通过合适的协议，也就是共赢的金钱游戏规则，让参与者和自己都能获利。理想是一个故事，可以激励人心，吸引别人一起做事情。协议是一个约定，让各方实现交易、合作和共赢，形成了深厚的利益关系。

不少创业者谈理想的时候很兴奋，一谈到钱和协议，却感到不好意思，其实，利益关系是客观存在的，本身不带情感好坏，人与人之间本身就存在各种关系作为纽带，怎么让这些纽带变得有序和健康是一门功课。

人类社会里存在无数的协议，国家、企业、家庭和个人，彼此之间都有相应的协议。有些协议哪怕没有书面意义上的签署，也在发挥着真实的效果。

例如企业和个人都可以依据国家法律赋予的权利维护自己的权益，在中国社会伦理观念里，子女负有为父母养老的责任，这些事情都没有被各方用白纸黑字签过协议，却在现实中被遵循和执行。

又例如人们常说的“君子一言，驷马难追”，指这人如果是诚实守信的君子，哪怕口头说出来的承诺，也是分量十足、能够兑现的。

能创造好的协议的人就是很有能力的人，创造协议后能兑现的人也会得到更多资源和帮助。只要有能力创造好的协议，就可以链接全世界，可以跟任何人进行合作。

创造协议需要考虑各种角度和维度，既要想到自己的风险和利益，也要考虑别人的顾虑和收获。在没有欺诈和压迫的情况下，协议能否达成，归根结底是看后者，也就是看别人的顾虑能不能被降低、被打消，看别人的收益能不能被照顾、被实现。

煲仔皇第一家店的开店预算是 160 万元，股东当时按照占股比例进行出资，我占大头，80%，出资 128 万元，我找到了另外四个人，各占股 5%，每人出资 8 万元，合计 32 万元。

对我来说，128 万元在当时不是一笔小钱，因为“田老师红烧肉”和“零度空间”这两个项目出师不利，我手上已经没有可投资金了。一番冥思苦想之后，我创造性地提出了一个债权协议，以个人借款方式向这四位股东各借了 32 万元，每年支付一定的利息，最终就凑齐了 160 万元。

很多人听到这个故事，都认为我疯了，另外四个人也疯了。不管分成什么投资形式，这 160 万元都是这四个人出的，我一分钱都没出，他们竟然也愿意?!

这就是我之前说的，一定要换位思考，这四个人为什么要投资，为什么愿意投完公司股权，还愿意再投个人债权？我在跟他们谈之前，我自己得站在他们的角度去思考各种利益和风险，再站回我的角度想想哪些是我可以做到的，这两者之间的平衡点就是达成协议的关键。

关键在于两点，第一是安全性，第二是收益性。

股权的安全性相对低，要是注册资本亏完，股东们不愿意继续出资，公司就关门大吉了，我当时感觉到小股东每人出 8 万元已经

只要有能力
创造好的协议，
就可以链接全世界，
可以跟任何人进行合作。

差不多到心理极限了。我是创始人，既是对企业前景最有信心的人，又需要作为大股东牢牢控制股权，所以按 80 ： 20 划分，是对彼此都合适的比例。

债权的安全性相对高，如果是个人借款，即使公司倒闭，债权人也可以找借款人追讨。债权的收益率是锁定的，跟企业估值没有关联性，个人的收益弹性主要就靠股权，只要企业发展够好，估值就不断往上升，如果上市就更赚得盆满钵满了，8 万元变成 8000 万元也不是没有可能。

我创造性地提出了“股权 8 万元 + 债权 32 万元”的投资协议，这个方案是一个下有保底、上有前景的结构，兼顾了安全和收益的双重考虑，于是也获得了四位原始股东的认可。

值得一提的是，这批股东更多是因为相信我在餐饮赛道的经验和能力而进行投资，那时候连门店都没有看到，基于信任就把钱拿出来了，这就是信任财富的威力。

起步阶段的第一笔钱解决了，但按照这个方法一家一家店去融资，显然很吃力。个人的资金实力毕竟有限，我让自己为每家店背上 100 多万元的个人债务，也不现实。我当时又开始动脑筋，是不是能找到手上有闲散资金而且愿意跨界进入餐饮赛道的投资人?

当第一家门店开张后，理想照进现实，商业计划落地，有一些成绩了，实体店成为融资第三步的关键筹码。正如《道德经》里对宇宙万物演化规律的看法：“一生二，二生三，三生万物。”本着非常朴素的开店愿望和简单粗暴的商业计算，我认为接下来要再开三家门店，而每家门店花一年半就能回本，五年五倍不成问题，所以，这四家门店的估值应该是 4000 万元。

这时候，朋友给我介绍了一个在乌克兰做箱包贸易的人，对方正想着怎么用箱包生意赚到的钱转行做投资，对餐饮赛道有一定的兴趣。实地考察了门店之后，新投资者认可了“一生万物”的发展逻辑和4000万元的估值，认购了10%的股份，付了第一笔钱。

没过多久，投资人有些犹豫，没有继续支付尾款。这时候，我又面临选择，到底是按协议追要剩余的投资款，还是做别的处理，例如，按实缴资金给予相应比例的股份，而不是原来说好的10%。

这两个选项，我都没选，既不追讨剩余资金，也不按实缴资金给股份，我选择给足对方10%。

从事实上，明明是对方没有按照协议办事，我之所以选择主动让步妥协，因为我觉得每一个重大选择都要遵循价值观。我做人有一个很朴素的观点，就是不想让别人尴尬。这种愿意在早期就投资“煲仔皇”的人，绝对算是贵人中的贵人，要是让贵人尴尬了，合作也未必能长远。

有了第二笔投资，从一到四很快就实现了，一家店不能叫连锁，四家店起码可以组成一个小规模的连锁餐饮品牌。这笔钱不仅仅用来开新的门店，还投入供应链和组织力的建设里，业务中台总部、OEM外包模式都是在这个阶段开始建立起来。

想做好连锁餐饮，就必须上规模，有了一定的规模才能把中台和外包的成本摊薄下来，当时我一直在想怎么能多开店。头四家店都是直营店，如果要扩大规模快速发展，加盟店也是可以考虑的，毕竟，我在“老家肉饼”也做过加盟，我很清楚加盟的模式。

于是，我对钱进行了第四步思考：如果有加盟商的资本投入，门店的复制扩张就多了一个模式，门店数量多了，估值会上升，也有机会吸引更多资源、人才和资金。

光想是没用的，要找加盟商，就要把招商的信息宣传出去。当时也不知道什么时候能找到加盟商，我一边做好手上的门店，一边把消息传出去，看看能物色到什么样的人。

社会心理学里有一个“吸引力法则”。有一些人似乎天生就能吸引财富，有一些人总是错过机会，关键在于能不能学会让钱主动找上门来的方法。这就像一个人喜欢蝴蝶，通过追逐来捕捉它并不容易，而如果在自己院子里种上鲜花，假以时日，蝴蝶自然而然就被吸引过来。

我从小爱打台球，因为为人慷慨，和朋友打台球必定是请客的角色。在做“一品三笑”的时候，最习惯的休闲娱乐就是和发小打台球，虽然技术不如对方，但请客从来不含糊，发小也很乐意经常找我。

有一次打球，发小请教我如何做好餐厅，而且问得非常具体和深入。我一追问，才知道原来发小的老板利用空余的场地资源做了一个餐厅，因为没有摸到门道，餐厅业务始终没起色。老板很郁闷，发小就开始留心，想帮老板解决问题。

在发小的引荐下，我认识了这位老板，只用一顿饭的工夫，就把餐厅如何做好的这件事情说清楚了。老板才意识到，原来餐饮行业有那么多门道，也对我的能力有了充分的认识和肯定。

当知道“煲仔皇”已经发展到 4 家门店，老板主动提出要加盟，按照每家门店 150 万元的初始成本，一次性投 450 万元，做 3 家加盟店。“煲仔皇”门店规模就这样增长到了 7 家。

戴尔·卡耐基（Dale Carnegie）在《人性的弱点》这本著作里讲

述了自己对人性的深刻认知，并为根除人性弱点开出了很多有效的“处方”。其中很重要的一个观点是：“一个人的成功，只有15%归因于他的专业知识。还有85%归因于他表达思想、领导他人及唤起他人热情的能力。”

我也不知道谁能帮助我找到加盟商，但我知道想得到别人的好感和帮助，就要尽量善待别人，唤起别人的善意和热情，无论是自己喜欢的人，还是看不顺眼的人，都可以帮助我。我喜欢的人会让我觉得开心，我看不惯的人会让我得到成长。人心都是肉长的，如果我对别人好，别人就算不对我好，也不见得差。可能也是因为我总是这么想怎么做，所以我遇到的贵人还真不少。

可惜，如果所有事情都一帆风顺，创业就不会是九死一生的概率。加盟商虽然在品牌方有所积累的基础上进行发展，但自己依然要处理很多问题。这位老板作为第一个吃螃蟹的人，在实际运营之后发现结果跟预期有差距，回本赚钱的周期比想象的要长，跟自己已经成熟的主业相比就差得更远了，但如果现在退出，已经投入的成本也没办法收回来，陷入了进退两难的尴尬境地。

我敏感地捕捉到对方的想法和情绪，当然也不想让这位贵人尴尬。如果加盟商关店，对“煲仔皇”品牌的影响是很不好的，但自己现在又没有足够的资金回购。我能想到的办法就是自己亲自管理这些门店，只要多给一些时间，就有把握做好。

于是，我又创造性地提出新的合作协议：在运营上，把这三家店收回，变成直营店。在投资上，不亏待这位敢于尝试做首个加盟商的贵人，加盟投资转为自己的个人借款，而且借款起始日期就是老板最初投资加盟的那一天，利息照算，五年后连本带息归还。

这个协议一提出，老板顿时觉得我做人很有义气，认为可能真的是自己运营不得法，还是交回去让我做直营更合适。老板认为把股权转成债权是很有保障的，后来索性还追加了投资，帮助我把连锁门店规模扩大到了 11 家。

当时，我身边的朋友都替我捏一把汗，我老是用个人借款来帮“煲仔皇”融资，而且是连续滚雪球，风险越来越大，就算真的借到了钱，经营也是有压力的，都担心我心态会崩。

其实，有压力已经算是客气的说法了，还有人觉得我这是借了高利贷，简直就是玩命，不应该这么瞎干，但我愿意这么干，而且毫不犹豫就干。这背后还是我对钱的思考、对钱的态度，只要煲仔皇在正常发展，估值在增长，团队在成长，今天的情况比昨天好，企业就会越来越值钱。要是跟世界级餐饮企业几十亿元、上百亿元的估值相比，这几百万元、一两千万元的借款都是小钱，融资之后，我又不是去挥霍，踏实做事就行了。

当拥有 11 家门店后，我对钱的思考到了第五步：上一个投资人已经投了超过 1000 万元，这金额不小，接下来不能再靠个人，是时候找专业的投资机构了。投资机构不能只是有钱，投资人的价值观还要和自己一致，愿意为共同认可的理想和愿景而提供一切帮助。

我认为创业者跟投资机构的合作有一点非常重要，就是不签对赌条款。所谓对赌指的是当被投企业未能达到约定的经营业绩指标或其他特定目标（如上市）时，由被投企业或创始人给予投资方一定的补偿、赔偿或股权回购等。

不看好可以不投资，或者等以后看好了再来投资，但投资人本质也是股东，那就应该和创始人有共同的价值观，能够站在同一个利益出发点。当然，我也很理解这些基金合伙人，他们要对背后的有限合伙人负责，到了一定期限要想办法退出项目，不管赚还是亏都要把钱拿回来。所以，创始人和投资人之间还是得有一个好的协议关系，我们可以好好商量，先小人后君子不是一件坏事。

于是，之前所讲述的故事就发生了，在张天一介绍下，真格基金和徐小平快速决策，投资了“煲仔皇”，老鹰基金、星瀚资本也在这一轮进入跟投。

到这时候，之前的投资者，不管是股权形式的，还是债权形式的，不管是估值150万元时候进入的，还是估值4000万元时候进入的，全都以盈利的状态实现了退出。

当初被认为剑走偏锋的构想和协议、风险极大的债务滚雪球，在我对理想的不懈付出和对金钱的独特运用后，成就了“煲仔皇”快速成长的一段传奇故事。

后续发展和之前类似。真格基金以6000万元估值进入，帮助“煲仔皇”发展到19家门店。2015～2016年，外卖平台快速成长，煲仔皇的外卖数据很好。弘毅投资认为“煲仔皇”站在了一个新渠道的风口，于是让旗下百福控股以1.75亿元估值进入，帮助“煲仔皇”门店规模增长至近百家。

综合地产商“世纪金源”发现旗下购物中心里的“煲仔皇”门店的业务在疫情期间非常火爆，在报价1.5亿元整体收购未果后，他们并没有放弃，让旗下机构“西藏元昆”参与股权投资，也提供商铺资源在安徽等地开出合营店，助力“煲仔皇”门店规模迈向200家。

想马儿跑得快，又想马儿少吃草。面对融资时候，创业者常常思考这样的问题，想拿融资，害怕压力和风险，不拿融资，又怕发展慢被淘汰。要破解这个难题，关键还是改变自己内心对钱的定义、看钱的角度。

我曾经给自己复盘：几百万元的借款对一个刚结束上一段创业、身上没多少钱的人而言，压力比山还大，但如果把还款的金额、周期跟企业的发展速度、估值增长相比，真的不算什么。事物本身并没有发生改变，只是人们看事物的角度发生了改变，做事的心态就有意想不到的转变。

当徐小平问公司估值 6000 万元是不是美元，如果我内心的想法是赚资本的钱，回答“美元”是再顺口不过的事情，但我内心的想法是优质投资机构的认可和加入，估值只要合理即可，过高的估值反而会让资本犹豫却步。

投资是一个击鼓传花的接力游戏，天使投资人投完就传给 VC（风险投资），VC 投完就传给 PE（成长投资）或者推动上市，让更多人有机会参与投资。不同节点进入的投资人会逐步退出，所以也可以看成之前进来的人把东西卖给后面进来的人。

在某一轮估值过高的时候，下一轮就容易被卡住，没有人接力了。很多创业者不懂这个道理，总觉得每一轮的估值都是越高越好，但前期估值越高，后期接力越难。所以估值合适是最重要的，而不是一味追求高价。

这也是很多投资人会跟创业者签对赌协议的原因，因为他们担心之后企业发展不达标，就会影响估值上升。这时候，创业者还要跟投资人逐个沟通估值，可能还得拿出自己的一部分股份，来补偿之前进来的投资人的账面亏损。创业者要明白这个底层逻辑，才能知道怎么跟资本对话，怎么跟资本建立合适的协议。

徐小平老师的价值观就和我的价值观很契合，他对人的认可远高于其他因素。他通常在投资协议的末尾有这么一个条款：“如果这次创业失败，下次再创业要优先接受真格的投资。”说明他认为人是创业里最重要的变量，也是最有决定性的因素。

创造共赢的金钱游戏规则是创业者必须学会的本领。不要只带着常规认知去看钱，而要把钱当成跟别人深度链接和达成协议的介质基础，当成能把时间、技术和资源进行转换的创业工具。

第4节 赚大钱要靠复利杠杆

《舌尖上的中国 2》曾讲到："有一千双手，就有一千种味道。中国烹饪，无比神秘，难以复制。从深山到闹市，厨艺的传授仍然遵循口耳相传、心领神会的传统方式。祖先的智慧，家族的秘密，师徒的心诀，食客的领悟，美味的每一个瞬间，无不用心创造，代代传承。"

这在讲出中餐美味需要匠心制作的同时，也指出了中餐比西餐更难标准化复制的特点。现在，中餐标准化已经不是一件多难的事情，但不是每一个连锁中餐都能赚钱的，这说明里面的难点还有很多。

有些钱靠聪明就能赚，但可能是小钱，或者不可持续，也或者非常依赖某个人本身。我从小就不算聪明，这也有一个好处，就是我基本放弃那些一夜暴富的机会。

我经常会思考，如果每天只赚 100 块钱，那我能不能天天赚？如果我不是天天上班，能不能有一个机制，帮我持续赚这 100 块钱？我觉得这是赚钱的一个好结构，就是现在常说的躺赚。我把能达到这样效果的都称之为杠杆，我要想方设法找到这些杠杆，然后用好它们。

因为人性的贪婪与短视，很多人追求盈利的最大化，轻视了盈利的结构化、长期化和复利化。后者不仅需要找到正确的赚钱方法，还要不断地重复，持续地优化。对个人来说也是一样，要把自己的知识、技能和价值变得可复制，获得和增加有复利增长属性的资产，才能有“睡后收入”，实现躺赢。

发现杠杆原理的阿基米德曾经说过：“给我一个支点，我可以撬动整个地球。”创业也需要留心寻求杠杆，选择优质杠杆，即自己只出一分力，却可以通过杠杆撬动几分力才能挪动的“重物”（重要事物）。

杠杆可以是一个企业和组织，把人教会，建立制度，培养文化，把钱分好，就能比一个人、几个人完成更多更大的事情。

杠杆也可以是一种工具，通过它可以把一件事情的效果扩大化、最大化。例如，在家里做菜是给家人吃，直播做菜则可以把技能教给成千上万的人，同时还产生商业价值。

杠杆还可以是一种载体，通过它可以跨越时间、空间、国界、地域等界限，持续更久，影响更广。例如，把稍纵即逝的感悟写下来，成为语音、视频、文章、书籍，还有机会以收费的方式持续获得收入，哪怕自己生病、退休，甚至已经不在人世，这些收入都可能还在产生。

按照上述逻辑，同样是钱，有些被称为一票买卖，不可复制，有些被称为青春饭，老了就赚不到。尽管这些收入的金额可能不小，但如果只有这样的收入，将来在金钱上是会出问题的。

例如，体育运动员在年轻时候可以屡创佳绩，收入颇丰，年纪大了不可能不退役，通常从事一些培训教练的工作，收入会有所下降。年轻貌美但没有演技的演员、风里来雨里去的快递员和外卖员，也会遇到这样的窘境。

很多人知道要重视做结构化、可复制、有复利的事情，却不是每个人都能成功，其中重要原因是过度注重细节完美，过早操心盈利大小。

过于完美和过多细节是会对可复制这件事情产生很多挑战的。简单不繁琐、有效不多余，才利于复制。另外，在结构化模式没有跑通之前，关注盈利也没用，当模式跑通了，哪怕一点点儿的微利，给予足够长的时间、足够多的复制，最后收获的钱也很可观。

中国有句俗话叫“毛巾浸满水再拧”，这是我在“煲仔皇”头八年没盈利的时候一直说的一句话。我觉得创业没达到一定的规模之前，没必要太在意利润，不是说利润不重要，而是真正的大利润一定是来自结构化做好之后的长期大规模复利。那时候，才是真正赚大钱的时候。

在做第一家店的时候，所有事情都在试错中，选址、装修、设备、定价、成本、人员、服务、流程，几乎一天一个样，经营都没定型，更别说利润。在做到四家店的时候，我主动增加中台团队，成本也随之飙升，短期根本不能盈利，但我不在乎。

这么做是让单店模型得到更多验证，也为了将来可复制更多的门店，只要验证成功，只要可以复制，只要品牌和产品力持续提升，总能把成本降下来，利润也自然会有的。

同期，为了实现轻资产运营，保持灵活度，煲仔皇放弃自建中央厨房，选择跟代加工商形成代工生产（OEM）外包合作。采购一般是以量定价，采购量越大，价格越能便宜，采购量不够，别说降价，对方甚至都不愿意供货。当时以较高的价格、较小的数量进行订货，这又让自己的成本上升了不少，但还是咬牙坚持着，同时加

毛巾
浸满水
再拧。

速开店，来降低成本率和扩大采购量。

当门店数量扩大到几十家、上百家之后，收入大幅增加，而成本率在下降，不管是外部采购成本，还是内部管理成本，都在降低。例如，以前培训餐厅经理和店长，候选人才几个人，现在几十个候选人，总部投入的时间和人手几乎没差别，但产出结果却是以前的十倍、几十倍，效率和利润自然就出来了。

煲仔皇用八年的时间、70 多家店的规模，在 2019 年底验证出了更成功的单店模型，这是至关重要的一个里程碑式变化。创业得在做对的基础上加杠杆，哪怕单店的利润看着不大，但乘以门店规模的大数字，整体盈利也很好。

2020 年，疫情出现，对很多餐饮企业都是超乎寻常的打击。虽然在疫情初期几个月，“煲仔皇”门店堂吃也大面积暂停，现金流遭受严重挑战，但外送营业额却不断上升。2020 年春节期间，外送营业额 300 万元；次月，翻一番，到 600 万元；第三个月，900 万元；第四个月 1000 多万元。在随后两年，“煲仔皇”门店规模翻倍，连续成功融资，账面从亏损快速变为盈利。

面对金钱，很多人都说自己有耐心，其实，心里比谁都着急，总想一口吃成个胖子，这就导致动作变形，或者稍作尝试而未达预期后，就心灰气馁。一夜暴富、天上掉馅饼，是人们对天降横财、突发好事的一种形容，“一夜”和“天上”也映射出人们内心对财富的一种幻想。

然而，金钱更像流水，有时候的确可能波涛汹涌，赚钱机会来了，挡都挡不住，更多时候却是涓涓细流，越在开始的时候，气势看着越孱弱，但长期算账下来非常可观。

“煲仔皇”门店数量已经超过200家了，很有里程碑意义的第一店却早就关了。关掉的原因是这家店的选址和形态已经不符合现在发展的需要。如果只作为一家普通的街边店，客流量和营业收入还可以，但跟整个公司的品牌定位和发展趋势是有差距的。

每次看到第一家店的照片，我都觉得这家店的形象设计有点儿土，而且不伦不类，点餐区是“麦当劳”风格，就餐区是茶餐厅风格，当时就这么半中半西地出发上路了。这家店的出品不难吃，但也算不上很好吃，因为本质就是做一个砂锅盖浇饭，没有多少锅气，也没有锅巴。

如此看来，这家店是不是有点失败？恰恰相反，这是一个成功的起步，因为完成比完美更重要。完成了才有机会往前走，才能把一个个雏形像积木一样搭起来，才能把一个个环节连起来。开出第一家店才能琢磨怎么做出更好的单店模型，开出三家店才能组建团队，锻炼他们怎么做好复制，才能知道调整哪些地方可以获得盈利。

在第一家店的收获有很多：考验和锻炼了出餐速度，突破了中式快餐里的一些传统瓶颈。引发了对设备和用具的定制化思考，开始关注研发和设计。第一家店让理念变成了现实，员工和股东心里都踏实了许多。很多好的做法被复制到了后来的另外六家店，让下一轮投资人有了评估的标准。

创业者应该有远大理想，但越是做大事，越要搭结构，事情得一件一件做，饭得一口一口吃。在赚钱这件事情上，“想干一票大的”恰恰可能是失败的开始，这种想法的本质并不是为了做事，更多是为了脱身上岸和炫耀虚荣。

做一件事情不难，长期做好一件事情却不容易。赚一点儿钱不难，长期赚同样的钱很不容易。越深入，越发现自己之前懂得少，就越敬畏“自己不知道的不知道”。当创业者坚持守住自己的初心，懂得遵循金钱日积月累的基本规律，放下大招，跪地磨刀，这时候才可能获得更大的财富。

2024 年，“英伟达”作为人工智能计算领域的龙头企业，其市值在 15 个月内暴涨 6 倍多，超过 2 万亿美元，成为排在“苹果”和“微软”之后、全球第三大市值的科技公司。“英伟达”创始人黄仁勋在 GTC 技术交流大会上开玩笑地表示，在 20 年前就已经算到有今天的结果。

20 年前，没什么人看好“英伟达”所推出的 CUDA 运算平台，黄仁勋力排众议，踏踏实实坚持做了 20 年的研究和改进，终于在人工智能时代大放异彩，今日的硕果累累来自于 20 年前种下的因，也归功于 20 年期间不懈的坚持。

不需要执着于放大招，如果能够小步慢跑和持续优化，假以时日，就可以跑赢很多竞争者。水滴石穿非一日之功，“煲仔皇”单店模型和品牌升级的成功进化也是一个很好的例子，一路整整用了八年时间，但如果没有这八年的沉淀，要一步登天绝对是痴人说梦话。

在刚起步的时候，没有纯粹的煲仔饭餐厅可以参考，换而言之没有可以照抄的样板，而且抄了也未必好用，但如果我感觉结构方面是相通的，那就是可以拿来学习的。一个喜欢学习的创业者，不一定能做得很成功，但一个成功的创业者，一定是很喜欢学习的人。我至少让自己先成为一个喜欢学习的创业者，而且我如果见到结构化的高手，我就更加虚心请教。

我从入行餐饮开始就很注意学习交流，我对“煲仔皇”持续优化的重要方法就是向那些拿到结果的人学习，不仅站在前辈和专家的肩膀上，还会很直接且有诚意地邀请对方帮忙或合作。对这方面的支出，我的态度是毫不吝啬，贯彻自己所说的：“好钢用在刀刃上，该花的钱一分不少。”

在2020年，“煲仔皇”启动了品牌升级，重中之重就是门店形象的改造。这个想法已经在我的脑子里转了很久，我一直观察和考虑什么样的形象是适合“煲仔皇”的。

当我看到“小满手工粉”的时候，第一眼就觉得非常合适，中式、明亮、温暖、干净，还有浓浓的旧时气息，完全就是小时候那种感觉，坐在亲朋好友家里、在大街小巷熟悉老店里，吃上一碗热腾腾、香喷喷的米粉。

在和“小满手工粉”创始人张靓交流的时候，我敏锐地发现她不仅对门店形象很有独到见解，还是一个对数据特别敏感的人，善于根据数据进行决策和管理。这个意外收获更坚定了我邀请她帮“煲仔皇”进行品牌升级的选择。

请张靓做这件事情需要花200万元，这可不是一笔小钱。管理团队都觉得没必要，毕竟，当时公司账面是亏钱的，还花那么大一笔费用，纷纷质疑我是不是疯了。我非常坚持，认为两个品牌的内核是非常相似的，“小满手工粉”这种结构是很值得“煲仔皇”借鉴的。之后的事实证明，这笔钱花得很值，而且是超值。

“小满手工粉”的口号是“石磨现蒸有米香”，跟“煲仔皇”的口号“煲煲现做有锅巴”简直如出同门。一台石磨机被摆放在店门口，顾客可以透过一面巨大的玻璃，看到湖南早稻籼米在石磨里磨出洁白的米浆，全流程现场操作，手工蒸粉，手工切粉，手工煮粉。顾客也真切了解到，自己吃到的米粉的组成只有大米、淀粉和水，没有多余的添加剂，因此散发出清甜的米香。

经过一番升级后，“煲仔皇”门店的形象同样极有手工感：老木屋檐的装修风格、麦穗腊肠的器具摆设、土灶瓦煲的明炉亮厨，顾客透过店门口的超大玻璃，一眼可以看到几十个砂锅在制作，打开砂锅盖感受扑面而来的焦香气，肉眼可见一粒米厚度、金黄酥脆的锅巴，口号也从“一分钟出餐的煲仔饭”变为“煲煲现做有锅巴”，产品价值感被营造得满满当当。

在品牌升级的过程中，在张靓的建议下，我还意外收获了一个镇店招牌产品——腊味四宝煲仔饭。所谓“四宝”就是腊肠、排骨、鸡肉和咸蛋黄，再加上两根青菜，形成荤素搭配。这个四宝饭结构很多元，口味很饱满，辨识度和认知感都极强，不需要多做介绍，几乎就是无脑选，所以点击率、点击量在每家门店都是最高的。

之前的镇店产品是腊味煲仔饭，腊肠加腊肉，现在这款四宝饭的本质是一个四拼饭，在配料总量及总成本没有变化的情况下，组成变得丰富了，售价可以定得比以前高，从而在毛利上增加了6%，又因为它是门店最热销产品，销售数量很大，对“煲仔皇”整体收入的增量贡献在当时接近千万元。

花出去200万元，得到了备受好评的品牌升级效果，还意外收获了一款镇店产品，让收入和毛利双线增长，在别人看来可能是一场赌博，但其实是持续优化结构所厚积薄发带来的点滴回报，也是在金钱面前选择涓涓细流汇成江海的必然结果。

第5节 科学分钱盘活组织，以利见义尊重人性

赚到钱之后就得会分钱，甚至在没赚到钱之前，就要让大家知道怎么分钱，这才能让人感觉跟着你创业很开心，是有奔头和有收获的。

稻盛和夫被誉为日本经营之神，创办了京瓷、第二电信这两家世界500强企业，他优秀的经营哲学和分钱哲学留给世人很多思考和借鉴。华为创始人任正非表示自己不懂技术，不懂财务报表，但在分钱问题上没犯过大错误，把钱分好了，组织就活了，公司管理的一大半问题也就解决了。

企业的核心目的是赚取利润，然后分配这些利润，所以创业者一定要学会分钱。做企业的人首先要带领大家找到赚钱的方法，让企业真正地赚到钱，然后建立一个优秀的分钱机制，对内让大家的劳动付出与企业经营过程及结果之间有科学的挂钩，对外让供应商、合作方也获益。

把钱分好能让大家看到自己的价值贡献和相应收益，从而激发出动力、能力和创造力，也让那些高能力低品德、不符合企业价值观及需求的人在竞争中掉队，被机制淘汰。

人们对钱的狭义解释是货币，而广义理解还包括时间属性的技能筹码、精神属性的价值实现，后两者既能带来货币，也是一种人生财富。

对于初入职场的年轻人，要马上赚到大钱并不现实，最有价值的是实现快速成长、获得发展机会

和加深个人认知，这些都是年轻人在未来赚大钱的筹码，假以时日，其价值并不比现金差。

对于业务骨干和管理人员，只靠工资是待不长久的，企业快速发展为他们带来的职场晋升会让他们获得更好的认可，而企业的品牌、价值观和社会贡献让他们的精神需求和价值实现得到很大的满足。

对于高能力、低品德的人，可能在短时间内对企业有帮助，但引起的负面影响对企业伤害也很大，只因利而来，终因利而去，发现之后宁可花钱也要送走。

这三类人分别想获得技能筹码、实现价值和短期利益，在金钱的选择面前会逐渐被筛分出来，这在“煲仔皇”的发展中有很多典型事例。

“煲仔皇”的供应链采购负责人关立全掌管着“煲仔皇”每年数亿元的采购大权。他为人低调、风格稳健，被誉为团队里的压舱石。

往往大家很兴奋地讨论出一堆新点子，到关立全那里经常像被泼了一盆冷水。他会从成本、安全、效率和环保等角度，提出自己的疑问和建议，还会从供应商的角度，讲出想法能否落地的各种可能性。这是他 20 多年来所积淀的能力，也是一种在金钱面前难能可贵的定力。

关立全对自己的入职日期记得很清楚：2003 年 7 月 22 日，加入了“老家肉饼”甘露园店。他当时做杂工，有点儿像传统观念里的学徒，只要领导或师傅有需要，什么事情都得帮着做，例如，给做早点的师傅打下手，搬东西，做切配，煮面条……

杂工这个角色是最基层的，关立全入职头五天跟我没有什么交流。杂工的日常汇报关系最高也就到餐厅经理，而我和合伙人、管把钱分好了，组织就活了，公司管理的一大半问题也就解决了。

理层是在二楼办公，彼此见面机会不多。

有一天，超市的食用油有优惠活动，每人限购两桶，我发动所有员工在早班之后都去买油，然后找一辆小货车运回店里。在回店的路上，我一边开车，一边关心关立全的情况，例如，来之后的工作感受怎么样、各方面是否习惯、学到了什么东西。关立全逐一回答了。这算是我们的第一次交流。

在“老家肉饼”，关立全印象最深的一件事情是肉饼馅变质的问题。肉饼馅都是每天现做的，原料在当天晚上到货后，进行切配调料等处理，然后分成一小份一小份，放进冰箱，方便第二天一早使用。

某天晚上，不知道是不是有人卸货或走动的时候把冰箱的插头弄松了，后来发现了就插回去，但没人在意断电时间有多久，也没人检查肉馅情况。第二天，顾客发现变质了，于是一顿投诉。

我从餐厅经理开始，一路批评到杂工关立全。关立全很郁闷，冰箱不是自己弄断电的，之前也没有叫自己专门负责这个环节，怎么出事被连带批评了呢?

我当时找餐厅经理和关立全做了反复沟通，强调餐厅要想发展，管理一定要跟得上，从培训、流程到监督全都不能马虎。如果离店能做到自己从家里出门一样，检查好各种电器、设备和物料，这种事故就能很大程度地避免。现在出了食品安全事故，一是受到顾客投诉，破坏口碑；二是浪费了食材，造成亏损；三是要给予赔偿，产生额外成本；这些都是跟钱直接挂钩的事情。

从那一次开始，关立全理解到原来责任心就是金钱，没有责任心就会出问题，出了问题就得亏钱，所以对企业负责、对顾客负责，就会有好的金钱回报。

关立全在 2013 年 8 月 26 日入职“煲仔皇”，当时谈的岗位是品控，结果在报到的第一周，采购经理突然离职，我决定让他接手，他之后就一直负责采购。

当时的管理架构让关立全很疑惑，门店才几家，但一屋子人都是做中台管理的，有人力资源，有选址建店，有财务，有采购，有研发，这组织怎么看着那么臃肿，几家店的收入能发得起这么多人的工资吗？更吃惊的是，门店食材现做的成本率当时是 35%，我还决定把大部分都外包出去，一下子让成本率飙升到 45%，这就更不赚钱了。

采购不仅看品质，更要看成本，责任心很强的关立全向我说出了自己的疑惑。我内心对他的责任心是很高兴的，于是耐心地向他说明：如果只奔着赚钱这个目标，的确应该选择门店食材现做，但这个模式只适应门店数量少的阶段，一旦规模上去了，到成百上千家的阶段，标准化和品质管理都会有挑战。赚钱只是迟早的事情，所以不能盯着眼前的钱，而是要盯着更大的目标，要超前看到将来的状态。

以乌鸡汤为例，如果门店自己单独采购新鲜的乌鸡，清洗干净之后就可以煲汤，出品很快。如果外包工厂来做，先得焯水、切配，然后生产、装袋，再运输配送到门店。后者的成本肯定是大幅增加的，而且供应商还得加上自己的利润进行销售，所以“煲仔皇”当时的成本压力非常大。

以大米为例，最早使用泰国的茉莉香米，中途一度改用东北的稻花香米，因为后者成本更低，香气更浓郁，顾客在气味上的感知度更强。但是稻花香米比较糯，锅巴效果不好，尤其不适合做外卖，到顾客手上的时候就黏成一团，口感和卖相都不好。考虑再三，还是改回茉莉香米，哪怕成本高。

在这个反复的过程中，泰国茉莉香米供应商是有意见的，我带着关立全登门拜访了几次，诚恳的态度不亚于找投资人谈融资。我们把当初改用稻花香米的考量过程原原本本地告诉了对方，表明不完全是因为降成本而改用，也感谢对方理解“煲仔皇”在产品创新迭代方面的尝试，更重要的是从“煲仔皇”顾客的需求和体验角度，让彼此都站在了同一立场，而不仅仅是考虑各自在金钱上的收益。

供应商也把自己的考量和难处开诚布公地告诉了我们，他们每年都要提前做好规划，从泰国种植地采收大米，放进仓库，安排运输，还要协调资金，所以当供应商面对“煲仔皇”采购变化的时候，也是很有挑战的。当然，他们也非常重视自己的产品在顾客那里的体验和口碑，如果有更适合做煲仔饭的品种也很愿意提供给“煲仔皇”。

通过几轮深入的沟通，彼此的关系就真正建立起来了。“煲仔皇”的采购量从100吨逐步增加到300吨、500吨、1000吨、3000吨。供应商主动降低了供货价格，在疫情期间还提供了风险预案，在天津仓库之外增加了北京仓库，保障了供应的稳定性。

很多人把压低上游供货价格视为利润的重要来源，这样自己能赚到的钱就会变多。在这方面，我的分钱选择却是确保优质供应商有合理的利润，也很愿意以自己的发展帮助供应商成长。

以凹面炉为例，厨具供应商一般提供平面炉，不贴合煲仔饭的圆形砂锅。不贴合，就会导致加热不均匀，浪费热能，也影响饭菜品质。“煲仔皇”一直希望研发出凹面炉。

供应商开发模具是需要投入先期成本的，花了半年多的时间，我们经常去和供应商一起探讨怎么开发。开发成功之后，我们下了大量订单，让这家供应商得到了快速成长。

以砂锅为例，“煲仔皇”希望外形既有传统感觉，又能经久耐用，还要刻上精致的图标和文字，市面上很多供应商都做不出来这种样子的砂锅，后来终于找到一家研发做得特别好的供应商。

这家供应商是做茶壶出身的，老板颇有艺术家风范，就像做茶壶一样去打造砂锅，一路克服了渗水、掉色、传热、尺寸等诸多难题，打样次数达到了惊人的 11 次才成功；但就在这个时候，由于经济环境的恶化，其他客户纷纷取消订单，这家供应商现金流几乎断裂，眼看就要倒闭了。

我马上通知关立全，改变先货后款的传统模式，安排先付款过去。供应商拿到钱后，一边整修烧陶的窑炉，一边购买专用的泥土，开始忙碌起来。后来把炖盅的订单也给了他们，还介绍了餐饮行业的其他客户，终于帮这家供应商渡过难关。

值得一提的是，“煲仔皇”现在用的酱油是得到供应商大力支持而研发成功的。在最初阶段，“煲仔皇”自己用大锅熬煮酱油，灌装之后到店使用。在决定采用代工生产（OEM）模式后，我发现有一款在香港销售的酱油很不错，希望能够说服供应商也提供给“煲仔皇”。两边团队坐下来沟通，发现起订量是一个问题，“煲仔皇”当年用量是 2 吨多，供应商起订量至少是 8 吨，差距可不小。

本着产品质量第一和客户体验为先的理念，我最终决定还是下订单。一方面，自己想办法提高煲仔皇的用量，另一方面，把剩余部分转给其他餐饮品牌，也是对供应商这款酱油的一种推广。酱油供应商感受到诚意，愿意在价格上有所优惠，最终让这个合作得以达成，各方都获得了满意的结果。

供应商在“煲仔皇”体系里被称为“合作伙伴”。每年，“煲仔皇”自己的企业年会和合作伙伴沟通会是紧挨在一起召开的，在疫情期间也没有中断。这些合作伙伴可以非常直观、透明地了解到“煲仔皇”的成绩、规划、展望，也感受到“煲仔皇”的团队氛围和企业文化。在疫情期间，这些合作伙伴和“煲仔皇”甘苦与共，没有一家心急火燎打电话过来催账款。

如果说，基层员工通过积累技能筹码，树立正确的价值观，做出业绩贡献，而最终得到金钱的回报，那管理层、合伙人就更应重视精神层面的人文关怀和价值实现，这样的回报不仅仅在金钱层面，还是一笔人生财富。

“煲仔皇”合伙人王秀娟是律师出身，律师工作量大，精神压力也大，但她一直以坚韧积极的性格面对工作。在一次培训课程上，我认识了她。后来，我们两人被同时邀请去另一个同学的活动上帮忙，王秀娟表现出极强的责任心，她细致的风格、优秀的沟通能力给我留下了深刻的印象。

筹备“煲仔皇”创业的时候，我就向王秀娟抛出了橄榄枝，她并没有在收入方面过多考虑，出于对我的信任，很快就欣然答应。

在初期员工招聘工作上，王秀娟的亲和力起了很大的作用。她在一家餐厅吃饭，观察到经理、领班和服务员都非常不错，于是邀请他们入职“煲仔皇”的第一家门店，随着这批成熟员工的加入，“煲仔皇”的业务如火如荼地发展起来。

王秀娟一路为“煲仔皇”的发展立下了汗马功劳，律师出身的她抗压能力很强，但有一段时间表现得心神不宁。我了解到原来她丈夫创业出了问题，家里这种情况肯定对工作有影响。想实现远大的理想也得先解决眼前的困难，于是我本着“不让人尴尬”的朴素想法，帮助她的家庭渡过难关。

“煲仔皇”发展到一定阶段后，建立了员工持股平台，合伙人和管理层都出了真金白银购买了公司股份。疫情期间，对餐饮业影响很大，个人和家庭的各种变动也多，有人不得已选择退股，我不仅全额退还，还给了一定的利息。等疫情过去了，我主动给贡献很大且没退股的人赠送了与原来持股同样数量的股份，以此感谢他们在风雨飘摇之际坚定和公司同行。

在金钱面前，要选择对人才予以培养、信任和帮助，远高于对收入、利润和短期利益的考量，同时也与能力强但品德差、与公司价值观不符的人坚决划清界限，迅速淘汰或让其离开。这也是一种对短期逐利说“不”的金钱态度。

在“煲仔皇”快速发展并建立体系的过程中，我曾经在一天之内开除了三个高管。

公司那时候是亏钱的，如果从纯粹的利益角度，尤其是短期来看，真不应该开除这些人，但我还是选择维护价值观。做完这个决定之后，所有人都看到了，整个团队士气也改变了，公司简直可以用起死回生来形容。我就知道自己做对了。

从此以后，我对“空降兵”的选择和使用非常谨慎，轻易不找，即使找到也要经过至少半年的观察和试用，而且，这半年里不制定与盈利直接相关的量化指标，通过几番考察、锻炼之后，才委以更重要的角色和任务。

金钱给人的诱惑是很大的，企业设立的本质也是为了赚取利润，但不代表任何时间、任何方法、任何动作都得围绕赚钱来进行。在把钱分好这件事情上，俗语有云：“财散人聚，财聚人散。”意思是，赚到钱要舍得分，要学会分，要分得好，人才自然就会聚拢过来；如果一味顾着自己赚钱，而忽略别人的利益，终归不长久，人才也走光了。

在金钱和人心、金钱和人才、金钱和品德的选择上，后几者都比金钱来得重要。在创业初期也是一样，哪怕钱不够用，在价值观、原则、品德和士气方面都不应该让步，它们不是钱，却是真真正正的财富。

第6节 好处不全占，有舍才有得

在投资领域评估资产的时候，一般会有三个角度：安全性、流动性、收益性。没有哪一种资产能够同时在这三项中都获得高分，也就是说世界上不存在绝对完美的资产。如果有人宣传某个项目，既保证安全，又能随时变现，还有很高的回报，那一定得提高警惕，要么是对方想给你送钱，要么是你遇到一场骗局。

有人可能会问："这是为什么？"首先得了解，资产之所以值钱，其实是人们主观认为值钱，是人们主观赋予了价值。在动态的交易中，交易双方甚至多方有一个主观的博弈过程，大家各取所需，有人得必有人舍，有人舍才有人得。如果某一方把好处都占了，意味着其他方根本没有好处，那交易就不可能达成，或者第一次交易就是最后一次交易。所以，通常各方会在这三项上形成一个相对的平衡状态。

退一步来看，假设交易中有一方在这三项上都占尽便宜，即他的资产既安全，又容易变现，增值前景还很好，情况可能很快就会发生变化。因为其他人会想尽办法去获得和增加这样的资产，甚至仿照他的方法去做，一旦更多人持有了，这样的资产也就变得不稀缺，意味着收益性会下降。

鱼与熊掌不可兼得，创业者所面对的金钱选择也是如此，不可能什么便宜都自己独占，得想清楚在某些阶段更需要的是什么，抓大放小，做好取舍。

以餐饮行业为例，很多连锁品牌都会想到自建中央厨房，但也有选择外包模式。在中餐赛道上，90% 的餐饮连锁品牌会选择自建中央厨房，因为大部分人的思维都是厨师烧菜模式，而不是食品工业模式。他们把中央厨房想象成一个放大版的厨房，把大量的原材料和人员集中到一起，以规模化手段进行处理、加工和包装，然后运输到各个门店。这样可以降低采购成本和提高标准化。

但“煲仔皇”却是例外，从第一家店设立开始，就决定不自建中央厨房，全部外包，以外包模式让供应商把各种物料处理好并送至门店。因为经过加盟“老家肉饼”和始创“一品三笑”的两段实践，我很清楚自建中央厨房的利和弊。

利主要有两个：从单纯的采购成本来说，是降低的。毕竟，自己采购比起外包他人要更便宜，没有中间商赚差价。从操作的灵活性来说，是增强的。因为一旦决定要做什么，例如更新菜单、研发新品，自己工厂容易指挥和协调，马上就动起来了。

弊有这么几个：首先是系统性风险，鸡蛋放在一个篮子里，虽然门店可能开了几十上百家，但中央厨房就这么一个，一旦出事就全遭殃。不管是食品变质，还是突发火灾，又或者疫情封控，供应链可能全部瘫痪，门店销售就受影响，两头夹击让现金流非常危险。

其次，是整体不够灵活。当拥有 10 家门店的时候，中央厨房规模显然要建设得更大，例如要能满足 30 家门店，不可能恰好满足 10 家，否则，刚建完就又要扩张了，等于一直要补需求缺口。如果门店数量因故没有增加，或者增加很缓慢，中央厨房多余的产能和折旧就是空置浪费，必然造成成本上升。总而言之，产能和需求永远

如果某一方把好处都占了，
意味着其他方根本没有好处，
那交易就不可能达成，
或者第一次交易
就是最后一次交易。

不会精准匹配，企业管理陷入疲于奔命。

再次，是精力分散和管理复杂，经营餐厅和管理工厂基本是两种思路、两套系统、两个团队，更困难的是经常要做“内部裁判”。假设工厂供应的货品不符合门店的要求，可能顾客觉得味道咸了或淡了，可能工厂把老抽放多了导致颜色过深，门店并不想收货，不然会影响自己的业绩，但工厂觉得没问题，认为就是在正常范围内。管理层这时候会左右为难，如果让门店收货继续卖，可能就会影响品牌口碑，如果让门店拒收退回工厂，那已经付出的生产成本就会打水漂。

在加盟“老家肉饼”和始创“一品三笑”的时候，我了解过自建中央厨房，也实践过中央厨房，光图纸规划就学到了很多门道，包括生熟分离、人货分离、冷链仓储、原料库、半成品库、成品库、发货区、食品安全和消防标准等，付出了很多时间，也交了很多学费。结论是，如果没有大资金的支持，根本没办法建成一个高水准的中央厨房。

就算建好了，也不代表一定能把面向消费者的餐饮品牌做好。这是两件不同的事情，并没有必然的因果，既然是这样的关系，那不如选择通过社会分工来解决上述问题。

这个选择意味着让利，让供应商赚钱，而且在开始阶段会承担非常高的成本。因为别说一两家店，就算十家店的采购量，在很多优质的供应商看来，这简直就是芝麻绿豆般的生意，并没有达到他们的起订量；但我认为，该别人赚的钱就得给别人赚，让专业的人干专业的事情，让供应商拿走他们应得的钱。

“煲仔皇”在一开始扛着巨大的供应链成本压力，单店采购切配和制作的成本率是31%，而整体外包的成本率是45%，但牺牲这14%，换来了能够支撑将来快速开出百城千店的供应链结构。同时，很多环节都有不同的供应商，鸡蛋分到了不同的篮子里，降低了系统性风险，得到了更适合自己的灵活性。

舍得舍得，有舍才有得，想得就要舍。

第四章

视界决定世界

第1节

带着好奇去创业，跨学科解锁思维

餐饮创业者应该是最爱学习的一群人，因为这个行业的变化实在太快了，不学习很快就会被淘汰。我觉得我别的地方可能都比不过人家，但我对学习这件事情是真的很投入。哪怕在最穷的时候，我也没在学习上抠门过，因为我知道如果不学习，我就肯定不会进步。

曾经有一个朋友给我送了一头狼的标本，我放在了办公室，很多人进来第一次看到都被吓了一跳，有人跟我开玩笑说："这是不是代表你的狼子野心？"我看到这头狼，总会想起之前学习到的生态位知识来进行解读：狼留在了野外，狗跟随了人类，豺介于当中一个很尴尬的位置，于是快灭绝了。

学习不是人类的本能，人一学习就容易累，累就会放弃；但好奇是人类的本能，做本能驱动的事情就不那么容易累。我也是一个很有好奇心的人，所以我所有的学习都是从好奇开始的。我喜欢探索这个世界，尤其是背后的规律，这样的学习模式不会让我觉得累。

创业者在商业层面会遇到很多挑战，解决这些问题的最好方法就是让自己不断学习成长，能够认识事物的本质，因此思考往往也会深入到哲学层面，例如，那非常经典的三个问题：我是谁，我为什么存在，我应该成为什么样的人。

学习不是人类的本能，人一学习就容易累，累就会放弃；但好奇是人类的本能，做本能驱动的事情就不那么容易累。

学习不要太严肃，可以轻松一点儿，好奇心能让思维变得松弛，松弛才有洞察力、想象力和创造力。哲学里的这三个问题跟一个陌生人走进小区被保安问的问题是一样的：你是谁？你从哪里来？你要去哪里？每个人自我意识觉醒后，肯定都会去想这些问题，想明白了就可以去做重要决策了。

在日常生活中，人们被各种琐事和习惯牵着鼻子走，被无数的表面现象、传统观念、经验习惯吸引了注意力，做的很多事情都是具体而细节的，行为表达也容易被情绪驱使，很少对纷繁世界背后那些本质问题和底层逻辑进行深度思考。难得有时间思考人生的底层逻辑。

哲学思考是人类思维中最抽象也最复杂的一种形式，但并不像很多人想得那么深奥，也不是富人才有时间、有精力去做的事情。任何人都可以本着好奇开放的态度去勇敢尝试，及时复盘。

作为一个创业者，意味着拥有很多机会改写自己的人生剧本，包括有机会成为自己的老板，有机会创造一个有价值的人生，有机会为社会做出一些贡献。很多顶尖的企业家都说自己最初的理想有那么一点儿粗糙，甚至狂妄，想着做出一些事情影响世界。

《大创业家》是麦当劳创始人雷蒙·克罗克的自传。雷蒙·克罗克在书中介绍自己年轻的时候一点都不富裕，在军队结束服役后，做了 30 年推销员，人生毫无波澜。时年 52 岁的他在看到“麦当劳”高效的餐饮制作生产线后，认为这就是革命性的商业模式，无数像他这样的普通人也能参与经营并赚到钱。

于是，雷蒙·克罗克从麦当劳兄弟手上买下了公司股权和品牌，全面引入了现代特许经营的概念，让个人创业者在“麦当劳”公司的标准准则和充分支持下，也可以拥有并经营自己的“麦当劳”分店，这个极为创新的模式使“麦当劳”迅速扩张，创造了一个遍布全球的“麦当劳”餐厅网络。

在这之后，其他快餐连锁店如“肯德基”“汉堡王”和“赛百味”，也采用类似的商业模式，纷纷在全球范围内扩大经营，快餐业从此彻底被改变，进入一个崭新的时代。

人们都看到了雷蒙·克罗克成功后的辉煌，但不太注意到他创业起步时的艰辛落魄。雷蒙·克罗克曾经这样描绘自己的创业选择：“我当时已经52岁，辛苦的推销工作让我积劳成疾，不得不摘除了胆囊和大部分的甲状腺，我还患有糖尿病和早期关节炎，但我始终相信，我还能成长，生命中最好的时光还在前面。”

成长是一种心理选择，而不在于生理年龄是多少。人不能决定自己出生在何处，不能决定自己的父母是谁，也不知道自己的生命什么时候结束，唯一能全力以赴的就是过程。既然已经来到人世，就不应该白来一趟，如果一辈子为了生存而忙碌，过程跟动物没有多大区别，到去世的时候难免会有一些遗憾和悲哀，因为不曾真正了解这个世界的本质和规律。

人完全可以利用好奇来实现成长，好奇心是人类进化、创造文明和改造世界的最大精神动力之一，也是人能够实现成长的最好方式之一。

首先，要了解成长过程的特点，尊重规律，学会循序渐进。

成长的方向必然是从易到难的，从难到易并不能实现成长。每个人都有自己的能力圈，在能力圈之内做事是力所能及的，感觉比较舒适，我们称之为舒适区。在能力圈之外的事情会让人感到困难，很容易就会放弃，我们称之为困难区。从舒适区走向困难区，当中有一个两者交界的渐进区，如果能够利用好这个渐进区，人既可以逐渐成长，又不会因为情绪大起大落而损耗对成长的热情和耐力。

然后，要充分利用好奇心，好奇是在渐进区里实现成长的好工具。

在人的一生中，成长速度最快的阶段是婴幼儿时期。那时候，我们觉得一切都是新鲜的，从翻坐滚爬扶走到牙牙学语，对世界充满好奇，也受到大人极其慷慨的鼓励。之后，我们对很多事情都已经掌握和了解，周围的人也习以为常，于是我们的成长就逐渐慢了下来。

最后，坚持知行合一。这是成长的不二法则。

光是思考上的成长，改变是有限的。就像有了完美的煎饼配方，但不动手做，顶多只能在梦里闻到煎饼香。思考后的实践可以给我们很多真实反馈，成功的部分让我们有一种如同科学家验证理论成功的狂喜，失败的部分让我们知道必然还有更正确、更有效、更合适的方法可以把事情做好。

明代思想家王阳明所说的“知行合一”就是强调认知和行动要相互关联，在行动中验证认知的正确性，从具体事物中总结内在规律去形成认知，两者相辅相成才能实现真正的成长。

有三件事情对成长非常重要：一是保持好奇心，慢慢走出舒适区；二是鼓励尝试，犯错可以改，但不打压不鄙视；三是知中行，行中知。

我的好奇心很强，我害怕无聊，不思考就闷得慌，不做事就怕虚度。创业虽然遇到很多困难，但创业本身是对人生对商业的一种学习。在经营企业的过程中，我发现了很多社会的、组织的、人性的规律，发现之后就更加好奇，我会去试去用，错了就改个方法继续试，对了就很有成就感。一直这么循环下去，我对这个世界的体验就很深刻了。

好奇的人，思维都比较活跃，往往能接受和运营比较抽象的东西，既利于自己运用，也利于别人理解。我在学习生物学后，从细胞和人体之间的关系，想明白了做企业的内外关系。

整个社会好比一个人，企业是里面的一个细胞。企业要想长久生存和发展，对外得把社会服务好，就像细胞得为人体做贡献，有些是造血，有些是防疫，有些是消炎，有些是修补，只要持续协作和交换，就能生存下去。企业对内得把自己内部效率提高，如果组织内部摩擦太大，没有好的效率，企业累个半死，也赚不了多少钱；如果细胞内部损耗太多，养分都没有了，也就无法生存下去。外部交换获得利益，内部经营获得效率，两者的合力就为企业创造了利润。

学得杂不代表可以瞎学，不能突然看到一些新奇的事情，就随随便便花时间上去。在我想明白人生理想和树立目标之后，我的好奇都是有的放矢的，都是围绕我设定的主线任务来服务的。

俄国著名化学家门捷列夫（Mendeleev）在极度疲劳后进入梦乡，梦里看到了元素们有序地落入如同棋盘般的格子表里。醒来后，他马上记下了这个想法，即元素的性质按照原子序数的递增而呈现有规律的变化，最终制作出元素周期表。

1825 年，英国科学家迈克尔·法拉第（Michael Faraday）发现了新的化合物苯。在之后的 20 多年里，人们一直不知道它的结构，只知道这个化合物非常稳定。后来，德国化学家德里希·凯库勒（Friedrich Kekule）受梦境的启发而找到了答案。

凯库勒花了很长时间对苯的结构进行研究和思考。在1864年冬季的一天，打瞌睡的他做了一个梦，梦里看到一条碳原子链就像蛇一样，突然咬住了自己的尾巴，在他面前旋转起来。从睡梦中惊醒之后，凯库勒意识到苯分子结构可能就是一个环，由六个碳原子首尾相接，六个氢原子各自连接了一个碳原子，这就是人们现在在化学书上看到的苯环六边形结构。

很多人梦里都看到过蛇，也好奇地找过相应的解析，但只有凯库勒从中获得了对苯环结构的启发，让他的化学研究得到了很大的成长，其中的差别就是前者纯粹好奇，而后者已经在工作中苦苦思索了很久，才会捕捉到看似灵光乍现的一个梦境，进而转化成为自己的研究成果。

好奇是一个起因，不要让好奇停留在表面，而是要找到本质，本质就是隐藏在底层的规律和逻辑，这些规律和逻辑是一通百通的，换了人物时间空间，照样行得通。

自从工业革命之后，社会和生活发生了巨大的变革，大生产造就了细分工。分工的不断细化对教育和工作产生了很大的影响，人们从小就生活在目标导向很清楚的社会里，会遇到各种各样的考核评估，例如学校有分数考核，工作有绩效考核，创业有收益考核和价值评估，全都在要求人们尽可能快速地学有所用，用有所产，千万不要浪费时间在当下没有产出的事情上。久而久之，人们对学习的眼光和认知就会被局限在狭小的、短期的范围里。

《庄子·人间世》有一句话："人皆知有用之用，而莫知无用之用也。”

这个道理背后有一则寓言故事：一个木匠经过一个叫曲辕的地方，看到人们在一棵参天大树前做着供奉之事。这棵树的树冠很大，据说可以遮蔽数千头牛，高度像山一样，如果砍伐下来可以造十几艘船。这个木匠却没看几眼，就赶紧赶路了。他的徒弟好奇地问：“这么高大的树木难得一见，师父，你为什么看都不看就走了呢？”木匠回答：“这是散木，没什么用处。用它造船，船会沉；用它做器皿，很快会损坏；用它造房，很不牢靠。就是因为它没什么用，没有过早被人砍伐用掉，所以才能长这么高大。”

当下明显有用的东西，自然人人争抢，看似无用的东西，人们往往放在一边；但不代表后者真的没用，只是内在价值被暂时忽视了。相比世人追逐的功名富贵，那些与底层规律相关的、普适而抽象的、由内而外且富有精神力量的东西，对人的成长帮助更大。

只有对世界万物建立正确的认知框架，深入掌握社会、政治、经济和人文的发展规律，才能关注到自己生命中真正有价值的东西，例如身体健康、情绪稳定、胸怀阅历、良好关系、真我体验。

我很喜欢著名投资人、股神巴菲特的最佳搭档查理·芒格（Charlie Munger）所写的书《穷查理宝典》，其中的跨学科思维模型对我的帮助非常大。芒格认为，如果一个人掌握了100个思维模型，例如历史学、心理学、生理学、数学、工程学、生物学、物理学、化学、统计学、经济学等，就可以比别人更聪明。

芒格还创造了四步学习法：第一步，跨学科学习；第二步，只学习重要学科重要思维模型；第三步，把思维模型进行跨学科组合，打造多元思维模型；第四步，刻意练习，组合进化，学以致用，不断验证迭代。

达尔文的著作《物种起源》就是一本让我跨学科思考企业经营管理的书。达尔文的核心观点是适者生存、优胜劣汰，优不是字面理解的优秀强大，劣也不是指低劣弱小，而是更适合环境者为优，反之为劣。例如，体型巨大、像霸主般的恐龙灭绝了，同一时期、同为爬行动物的蛇、蜥蜴和鳄鱼存活到了现在，区别就在于它们对当时环境的适应程度。

理解这个道理之后，从抽象的角度再看企业经营管理，就会知道企业对员工来说就是一个环境、一个系统。管理者要在企业内部建立一个“自然法则”，其中包括目标、策略、评估、奖惩等，然后让员工在这个法则里做事。

假以时日，价值观、言行和结果符合这个法则的人就会适应存活下来，并且得到激励，其余的人要么自己掉队，要么被法则淘汰。在日常工作层面，绝大多数具体问题的解决依靠员工个体，创始人不可能有分身或三头六臂，而是通过打造企业的环境、系统和法则来驱动成千上万的员工。

第2节

学习不妨功利主义，链接高手事半功倍

“无用之用，方为大用。”这不是指专门找一些毫无用处的知识去学，而是能够辨识出一些看上去对当下没什么即时作用、其实蕴含哲理和指导意义的通用知识。除此之外，大部分学习还是得带着明确的目标去学去做。

因为人的时间和精力都是有限的，我也有一套看着很功利主义的学习方法，不过，我的功利指的是紧密围绕我的理想和目标去学，有需求就快点儿学，感受强就深入学，学了之后还得用，学了不用等于没学过。

按需而学，有感而动，这跟传统学习模式是很不一样的。我们从小到大接触的学习模式都强调完整性，甚至像工作考勤一样的严谨，例如每门课都得上，书里每个章节都得看，一边画线记录重点，一边做学习笔记。现在很多人用思维导图这种图形化的方式进行学习记录，其中一个目的也是方便全盘整理和吸收。

但这样的学习模式跟人类大脑的运行习惯是有矛盾的。爬行动物脑主要靠平时储存好的“自动驾驶模式”为人类应付绝大多数的即时任务，而智人脑的运作极其耗能和耗时，学习本就是一件需要深度调动智人脑的任务，如果还要智人脑进行“地毯式吸收”，学习的效果肯定打折扣，久而久之，还会感到抵触。

我爱阅读，但很少把一本书从头到尾全部看完，只看里面自己最关注的部分。我认为一本书买来不是打钩画线就叫学进脑子里，更不需要告诉别人自己在看在学，这些只不过想彰显自己是一个好学之人、有识之士。真正的学习不需要感动自己，不需要对别人有交代，只需要对自己真正有用。

在学习当中，有需求和有感觉是最重要的，意味着大脑产生了强烈的响应。一旦有了这种响应，能记住的就记住了，记不住的代表大脑还没被触发，在书上画再多的线、记再多的笔记，也没效果。画线的意义无非是一个标记，在一段时间后迅速帮助自己导航定位回来。如果大脑没有反应，定位再多也没用，就不用强求，说明可能没必要看、没必要学。

不死记硬背，不形式主义，反而还能帮大脑节省能量。什么都让大脑思考和学习，当遇到真正重要的任务，大脑可能已经累坏了，没法表现出最佳状态。

“功利主义”学习的第一步是仔细整理需求，想清楚自己要有什么样的成长，知道自己需要从学习中获得什么。第二步是在学习中留心感觉，捕捉感觉，这种感觉不是停留在表面的高兴和炫耀，而是让自己真正感兴趣到产生心流，沉浸于其中有所成长。第三步是保持好奇，以建立跨学科思维模型为目标，找到高手，请教高手，理解高手，成为高手。

芒格提出要想成为一个高手就得有跨学科思维，我觉得我没办法做到在每个学科都成为高手，但这给了我一个非常重要的启发：任何一个学科、任何一件事情，都有相应的高手，高手自有高手的套路。要积极向高手学习，学习他们的套路，因为用高手套路的效

要积极向高手学习，学习他们的套路，因为用高手套路的效率一定比自己瞎折腾要高。

率一定比自己瞎折腾要高。

有句话叫："别拿自己的爱好挑战别人的饭碗。"意思是，别人能够靠这个来谋生，肯定比其他人付出了难以企及的努力，也掌握了这个领域的专业知识和技能。以业余足球爱好者为例，平时很喜欢踢球，看着直播评头论足，对战略战术、排兵布阵、球员特长等讲得头头是道；但一旦真的上场，很多成年的业余足球爱好者连十几岁的少年队都踢不过，大到体能储备、战术意识、传接配合，小到肌肉反应、姿势姿态、发力部位，都有很大的差距。

为什么很多人偏偏不肯找高手？是没钱、不舍得花钱请高手，还是找不到高手，或者高手不愿意教？其实，核心的原因在于自己内心作祟。承认别人比自己优秀是一件挺难的事情，尤其对于自信且做出一定成绩的人，往往把承认别人比自己优秀，等同于宣告自己很失败，于是给自己找一个借口："他有这点儿成绩只是因为比我早起步，我要是多花点儿时间，肯定能做得比他好。"

事实真的是这样吗？刘慈欣在科幻小说《三体》里有一句话："弱小和无知不是生存的障碍，傲慢才是。"人在成长道路上会遇到很多绊脚石，其中就包括嫉妒、傲慢、自恋和盲目自信。

这些绊脚石不仅妨碍我们向高手学习，在我们很擅长的领域也会产生副作用。例如，总是对别人不放心，喜欢事必躬亲，甚至指责打压别人。退一步来说，如果真有人觉得自己是全能型，在各方面都碾压身边人，反而说明他的人际网络质量不好，没什么值得高兴的。

成长需要一种富有敬畏心的自信，既要知道自己目前所处的位置，也要有寻找高手、识别高手、擅长与高手合作的能力。好奇在这方面能发挥很好的作用，因为真正的好奇是不带主观情绪的，不会在意面子。

好奇的内在核心在于专注发现真相，极度尊重事实，如果有比过去更正确、更合理的答案，那就拥抱它，而不管这个答案来自自己，还是别人。与之呼应的，好奇的外在延伸就是尊重高手，认识高手，链接高手，成为高手。

我有一位朋友打高尔夫才三年，成绩现在已经稳定在 80 杆以内。身边的人都觉得他很有天赋，但他却说秘密在于一入门就寻找高手，跟着高手练，充分相信高手给他的指导。例如，他花了 10 万块钱请了一位外籍教练，这位教练不仅自己成绩好，教导方面也很有技巧，属于少有的既能打又能教的牛人。

但大多数人是怎么做的呢？先办一张俱乐部会员卡，自己跑练习场挥杆打几千个球，平时也常常下场打球，只要朋友叫打球，一场都不落下，努力的程度很感人，一年下来也花了不少钱，水平却一直在 100 杆开外。

已经拿到结果的人都是有成功方法论的，向这样的高手学习使学习的过程更有效率，也会让学习的结果变得更有把握。在人的一生中，决定发展的环境因素有很多，所在的圈子、链接的高手是其中很重要的两个。

一个人的发展基本盘可以分成两部分，最底层的部分是自己的本事，上一层是自己和其他人链接的本事。后者能把前者进行放大，在对的圈子里，你的努力可以被更好地发挥和放大，系数是完全不一样的；在错的圈子里，怎么努力都没用，甚至稍有不慎，可能满盘皆输。

在社会化生存中，人和人是互为环境的，人本身就是环境的产物，学习更是受环境的影响。在喝酒的圈子里，你一定会推杯换盏，在喝茶的圈子里，你自然会沏茶品茗，低劣的圈子会让你醉生梦死、贪图享乐，高级的圈子会让你勤勉克己、励精图治。

找对了圈子，就像拿到一把开启成功之门的钥匙。高手的思维认知，会不断启发你的想法和智慧，高手的自律自强，会不断带领你变得上进努力。遇到一秒能看透事物本质的人，必须争取成为朋友，他们就像高维世界的生物，比低维的生物要看到更多的真相，可能片言只语就能带来点拨，改变你的一生。

如果自己看不透，那就得借用高手的眼睛去看，如果自己想不明白，就得借用高手的脑子去想。每个人都像是一台单机电脑，连到网络之后，就有机会跟众多高手切磋，借用高手的智慧进行云计算。

第3节 质疑新事物，理解新事物，成为新事物

高手的确比我们更厉害，但有一些新兴事物是刚出现的，还没有人成为高手，或者我们一时半会也遇不到高手，那怎么办呢？用还是不用，做还是不做？

“煲仔皇”在金融领域有不少拥抱新兴事物的案例。为了成就打造世界级餐饮品牌的理想，我在创立“煲仔皇”的过程中不断进行融资，也花了很多时间对货币、金融、资本及财务进行学习和研究，这些学习成果对在创业中怎么运用好资本提供了非常大的帮助。

金融，既是一个与我们生活息息相关的话题，又是一个让普通人有点儿望而却步的复杂事物。现代金融的创新层出不穷，爆雷案例也比比皆是，融资在创业者面前是一把双刃剑，但我却在“煲仔皇”创立初期、仅拥有20家门店的时候，在债权投资和股权投资之外，勇敢尝试了新的资本工具——“滴灌通”。

“滴灌通”在当时绝对算一个新兴事物，很多人敬而远之，但我不认为自己用“滴灌通”是一种赌博，因为我一直对金融有好奇的“功利性学习”，对包括滴灌通在内的融资工具做了深入的研究。

2023年3月25日，“滴灌通”澳门金融资产交易所（简称滴灌通澳交所，MCEX）试营运启动

典礼在澳门银河国际会议中心举行，三位普通的小微门店店长与滴灌通创始人、香港交易所前行政总裁李小加站在台上，一起按下了交易所首批门店 DRO 挂牌上市的按钮。这三位店长分别来自广东深圳市的洗发服务门店、江苏靖江市的零售便利店、安徽合肥市的中式快餐店。最后这位店长就来自“煲仔皇”，“煲仔皇”是餐饮行业里最早加入和使用滴灌通的企业之一。

DRO 是每日收入分成产品（Daily Revenue Obligations）的缩写。有一定业务规模且采用现代化电子支付体系的连锁消费企业通过“滴灌通”评估审核后，先从“滴灌通”拿到资金，解决门店新建及早期资金紧缺的问题，然后在双方约定的还款条件和使用期限内，“滴灌通”从门店每天的收入利润里以一定比例进行分成，从而完成资金回收。

在这个模式下，餐饮、零售、服务、文体等行业的创业者只要保持门店经营持续、健康、成功，就能把钱还清。“滴灌通”的收益会随着门店收入利润的增加而上不封顶，但如果门店经营不善，“滴灌通”就得接受投资失败的风险。当然，“滴灌通”可以选择把 DRO 拿到 MCEX 进行交易，以此管控风险。

“滴灌通”是一个新兴事物，其投资标的被放在“滴灌通”澳交所进行交易，一度引起了“升级版 P2P”的争论。哪怕创始人李小加曾经先后担任美林证券中国区总裁、摩根大通中国区主席、香港交易所行政总裁等职位，其提出的“非股非债”的投资模式依然受到很多方面的质疑。

餐饮是传统行业，餐饮人的风格比较传统，甚至称得上保守。照着旧地图航海，到不了新大陆。面对“滴灌通”推出的新模式、

照着旧地图
航海，
到不了
新大陆。

新产品，我勇敢地选择做最早吃螃蟹的餐饮人。

在接触“滴灌通”之前，我做过债权融资，也做过股权融资，然后对融资的认知进行了抽象的概括：一、从交易角色来看，一端为有钱的人理财，另一端为缺钱的人融资。二、从交易价值来看，健康的金融交易应该为实体经济服务，而不是用一堆看似华丽、专业的辞藻去包装出资产泡沫。三、从交易条件来看，信用基础、杠杆尺度和风险管理是最重要的考量点。

我当时翻看了大量的相关书籍，请教了很多高手，自己也将股权融资、债券融资跟“滴灌通”做了抽象而细致的对比，得出了以下结论：一、“滴灌通”的投资标的是企业的收入，不是企业的股权，因此不会稀释创始人的股权，也不干预企业的日常经营。二、“滴灌通”跟传统借贷有差别，企业和创始人不需要提供抵押物，没有连带担保，甚至不用保本。三、从“滴灌通”的获利来源看，和企业一起承担经营风险的同时，也有机会从开店后快速挣钱的上升期拿到丰厚的回报，而且上不封顶。

反复思考上述三点，我做了以下取舍和判断：

一、把“煲仔皇”做成国际级的餐饮品牌后，估值巨大，如果现在动不动就稀释股权，这笔账从长远角度算起来有点儿亏；而银行对小微企业融资的考量不是企业营收现金流，主要是传统抵押品，例如，经营贷的背后标的是股东的房产。以“煲仔皇”当时的情况，从银行融资没优势。“滴灌通”的设计则处于股权和债权之间，所以值得考虑。

二、风险管理要做好，就像改革开放最初找了深圳等作为试验特区，“煲仔皇”也可以先拿很小一部分的门店进行试验，好了再扩大，不好就停止。

三、开店后的两三年是赚钱的快速上升期，这里面相当一部分利润会给到“滴灌通”，拿出来支持新门店扩张的钱会变少，甚至在总的账面上难以看到盈利。但以这部分利润换来整体门店数量的增加、不占用公司既有资金开新店，对公司估值上升是有帮助的。商业合作是灵活的，退一步来说，在未来更需要抓利润的时候，可以选择调整或结束“煲仔皇”和“滴灌通”的合作。

与“滴灌通”合作之后，“煲仔皇”的估值涨了5亿元，其中让我高兴的不只是估值的上升，而是以融资需求带动了对金融工具的学习，学了觉得好就勇敢去试着用，同时将具体问题用抽象化思维剖析和解决，整个过程是在知中行，也在行中知，让自己和企业得到极具价值的成长。

第4节

创业不研究心智，就像在裸奔

我的书架上放着林林总总的书，但直到现在市面上也没有一本教人怎么做好煲仔饭创业的书，所以创业其实是一件很具体的事情，不能指望别人能直接教会，书里写的也都是别人的故事或者抽象的理论。

任何一枚硬币都有两面，没有哪个比哪个更重要，但在创始人的角度，因为是要定方向和管战略的，可能对抽象的功力要求会更深一些。如果我能够回到过去，跟当时的自己在抽象能力方面提醒一句，我一定会说："你要研究心智。"

仔细观察那些获得巨大成功的企业家，会发现他们不仅在自己的行业有远超常人的思路方法，在其他领域的表现也不差，可谓是一专多能，背后的原因是他们都有很好的抽象化思维。这种抽象化思维不是与生俱来的，可以通过后天学习和刻意练习来培养和强化。

为什么要重视抽象化思维？因为这个世界变化越来越快，问题层出不穷，乱花渐欲迷人眼，陷入到具象而细节之处就会疲于奔命。具象化思维可以帮助人们解决具体的、细节的问题，可是一旦转换领域和场景，很容易就失效了。这时候很需要一些能从本质出发的普适性原则来指导我们。

这里的本质是指生命与心智、人类与社会、经济与商业、物理与自然等层面。其中，心智尤为重要，运用好心智工具，会让创业事半功倍。创业者如果不好好研究客户的心智，不能总结前人成功失败的原因，其创业大概率会失败的。

心智，顾名思义，就是人的心理和智能的表现。人的心智依靠五感接收外界信息，大脑的神经元被刺激后开始处理信息，跟着做出判断和反应，从而反作用于外界。

计算机的发明就受心智的启发，其运作模式和人脑类似，可以分三个系统，也同时是三个过程：信息输入、信息处理和结果输出。在这当中就可以类比地看到心智能力水平受到好几个因素的制约和影响，包括信息输入的全面性和准确度，信息处理的能力、方法和习惯，结果输出的速度和执行力等。

餐饮行业面对的是普罗大众，细节又多又繁杂，餐饮创业者更需要用好抽象化思维，来理解自己的顾客需求，寻找自己的目标顾客，再以合适且效率的动作来最大化影响这些顾客，从而实现自己的商业目标。在这过程中，学习和研究心智模型是必不可少的。

心智模型有六大特点：容量有限、厌恶混乱、分类处理、抗拒改变、寻求安全、喜爱不同。这些特点和之前多次提到大脑爱犯懒、启动慢是呼应的。因为启动智人脑很耗能量，很费时间，所以心智的特点是节能、降耗、少启动。

在学习心智模型的过程，我将学习成果充分类比并运用到餐饮业消费及“煲仔皇”创业中，少走了很多弯路，拿到了一些成果。

一、心智容量有限。

可能很多人都以为大脑的存储能力很强，毕竟，我们从小到大发生了那么多事情，都是靠大脑来记住的；但心智和计算机很不一样，计算机只要硬盘容量够，信息再多也全盘照收，而且不打折扣，而心智在存储方面有两个特点：首先是存入很少，忘记很快；其次是只存相符的，排除不符的。

网上流传一个说法，认为金鱼的记忆力只有7秒，形容一个人忘事就会说："你的脑子真是金鱼的脑子。"其实，这个7秒版本有点儿夸张，但人类的心智容量的确没有自己以为的那么多。

有一个澳大利亚年轻人在家里做了一个简单的"金鱼记忆力"测试。他在金鱼缸里放了几块红色的乐高积木，然后给金鱼投喂了一些食物。金鱼在一开始有些害怕充满未知的红色积木，但几周后金鱼就有了概念——每当红色积木出现，意味着食物也来了，便会径直游向它。等金鱼理解红色积木的含义后，测试者暂停使用红色积木；一周后，红色积木被重新启用，金鱼又直接游向它。这个实验虽然不算很严谨，但至少表明金鱼的记忆没糟糕到7秒，维持一周是没问题的。

进入中老年阶段后，随着年龄的增长，人的记忆力会呈现明显的下降。人过了漫长的一生，但心智能记住的东西真的很少。例如，几乎每个人都知道世界最高峰是珠穆朗玛峰，第二高峰的名字却很难脱口而出，七大洲各自的最高峰更没多少人能说清楚。同样的，足球世界杯每隔四年举办一次，大家对冠军记得挺清楚，但往往遗忘了谁是亚军、季军。

可能心智觉得没必要记，也可能是想记也记不住，不管是什么原因，心智容量并不大，这决定了心智只记得数一数二的。

如果把心智的存储比喻成一个人，那他的性格既懒惰（不爱工作），又慕强（只记拔尖的），还有一些脾气（只接受与现有认知相

因为启动智人脑
很耗能量，
很费时间，
所以心智的特点是
节能、降耗、少启动。

符的）。这些“性格”对创业者既是坏事，也是好事。

客户更习惯行业里的老品牌。哈佛大学认知研究中心联合创办人乔治·米勒（George Miller）在1956年发表研究报告《神奇的数字7±2：我们信息加工能力的局限》，里面的主要观点是在不允许重复练习的情况下，一般人凭借短时记忆，平均只能记下7个项目。换而言之，在同一个消费项目下，客户心智只能容纳最多7个品牌。

顶尖的营销策略家、定位理论奠基人杰克·特劳特认为，随着竞争越来越激烈，客户心智连7个品牌都放不下，只能容纳两个品牌，意味着行业老三也过得很艰难。

但创业者依然有机会突围，如果做法能够比其他品牌更符合客户的现存认知，那么客户将在容量很有限的心智空间里放下这个新品牌。

消费者心智里对高标准快餐的认知是出餐快速、品质稳定、管理水平高，而对煲仔饭的认知是锅气、暖意和旧时味道。任何一家国际化快餐巨头可以很轻松地做到前者，但是，他们还没关注和介入这个细分品类；而很多开在街边的、夫妻合营的传统小店能做到后者，但是，他们没办法完成标准化和规模化。

既然消费者心智容量如此有限，必须抢先机，才有机会先入为主。光先入为主也不够，得迅速成为这个细分品类的第一名，才能强势占据消费者的心智。在前八年，“煲仔皇”努力做到了标准化，得以通过融资快速扩大规模，品类规模第一更容易让消费者记住。到了第九年，终于把产品特性打磨到令人满意的程度，主打锅气符合了客户的深层认知，于是奠定了他们对“煲仔皇”这个品牌的认可。

二、心智抗拒改变。

既然心智容量有限，那么抗拒改变也是顺理成章的。可能有人会问："不是说人都贪新厌旧吗？怎么又抗拒改变了？"准确地说，人是贪新的，但也不厌旧。贪新是因为好奇，不厌旧是保障底层安全和减少改变成本。

人从牙牙学语开始，就从环境中学习和建立自己对这个世界的基础认知，这些认知构建了心智的底层安全，而且会一直延续到年老。

唐代诗人贺知章在《回乡偶书二首·其一》里写道："少小离家老大回，乡音无改鬓毛衰。儿童相见不相识，笑问客从何处来。"乡音难改，对家乡美食的记忆更难改，俗话说："人在他乡，胃在故乡。"大城市里的打工人每到春节都放下工作，迫不及待地买票回家过年，除了与亲人团聚，也必然会惦记和吃上童年时候的家乡美食。

《舌尖上的中国》导演陈晓卿说自己对食物有这么一番想象：每个人的肠胃都有一扇门，而钥匙就是童年时期父母长辈给我们的食物编码。无论我们去哪里，无论时间相隔多久，童年的味觉和想象只要被激发，就能瞬间打开这扇门。

换而言之，人们用了很多年的时间积累，沉淀了对家乡食物的诸多基础认知，还在这些基础认知上建立了生活方式、行为习惯和人际圈子，要引进新的认知或许可以，要改变和磨灭旧的认知，谈何容易。

心智不止拒绝改变，还对与自己现存认知大相径庭、毫无关系的东西充耳不闻、见而不动。这就导致一个有点儿滑稽但又引人深思的现象：你是什么不重要，重要的是客户认为你是什么。不要试图花力气去教育市场和客户，你应该花时间研究客户的现存认知，知道他们认为你的产品、服务和品牌原本应该是什么样子。

在现代快餐标准化的基础上，把煲仔饭最大化地“还原”成客户心中的样子，就是很了不起的成功。煲仔饭发源于两广地区，南方天气湿热，为了长期储存容易腐败变质的新鲜肉类，人们通过腌制、灌肠、风干等工艺，制作了腊肠腊味，而这些动物油脂赋予了米饭特别的香味和烟火气。久而久之，就算不是两广人士，也知道腊味腊肠挂在屋檐下的场景，知道煲仔饭揭开锅盖时扑鼻而来的米肉混香，更知道酱油淋下去会有嗞嗞作响的独特声音。

万变不离其宗，不要和千千万万客户的心智作对。客户是为了吃到自己心目中的煲仔饭而买单，不一定为“煲仔皇”的创新而买单。创新是有价值的，但也得循序渐进，不能一下子颠覆客户现存认知，不然，就变成做一个新品类了。每个人的胃里都写着煲仔饭的来处，“煲仔皇”只是用现代快餐业的方法对煲仔饭进行还原，让心智减少抗拒，成功就更容易一些。

三、心智厌恶混乱。

心智不仅容量有限，还很容易疲劳。混乱意味着不确定性，也意味着需要消耗更多时间精力来处理信息，于是心智很抗拒疲劳作战。

人类进入工业化时代之后，商品和服务的供应大大增加，互联网时代又使得信息呈现爆炸式增长。时至今日，人类绝大部分的需求都能被满足，而且方式多种多样，所接收到的商品、服务和信息全都是过载的。

如果不想被心智厌恶而拒绝，表达就要有逻辑有条理，信息要简洁明了，而且得切中要害。要在很短的时间里让心智觉得接收信息是有序和舒适的，就迈出成功的第一步了。

在这点上，我在“一品三笑”的创业过程中吃了很多苦头而不自知，直到“煲仔皇”创业几年后，参加投资人冯卫东的品牌课程，才彻底明白个中门道。

“一品三笑”这个品牌从字面上是无法让客户第一时间知道主打什么，甚至未必能联想到这是一个餐饮品牌，于是要从广告营销、门店装修、人员服务等角度来传递更多信息。这样的传递既增加经济成本，又增加理解成本。

告别“一品三笑”后，我给新品牌起名为“仔皇煲”，这次起名明显比“一品三笑”更容易被客户理解，名字当中有主打产品“煲”，可惜因为注册问题，名字的顺序依然有点儿别扭。

创业九年后，终于把品牌商标的问题解决了，正式改名为“煲仔皇”。为了让这个更顺口的品牌深入客户心中，当时开展了“528我爱煲仔饭”超级品牌日活动，提出“煲煲升级，免费品尝”，“煲煲现做有锅巴”也听着很顺耳，一点儿不混乱，完美符合了客户的心智需求。

四、心智分类处理。

如果把心智比喻为我们住的一套房子，不管别墅大平层，还是两室一厅、一室一厅，房子的容量都是有限的。既然房子容量有限，心智又厌恶混乱，意味着会很重视收纳，要把东西分门别类。

人类面对日常无数的、突然的变化和挑战，大部分都能兵来将挡、水来土掩，靠的就是心智针对不同的信息，懂得迅速启用不同的程序进行处理。值得注意的是，这个处理过程不是真正的深度思考，而是根据事物的明显特征，贴上我们认为合适的标签，然后参照我们过去的经验进行类比，启用过去的工具进行解决，兼顾了节能和高效两个需求。

现代教育理念非常强调不要给孩子贴标签，一是因为每个孩子都是独立的个体，有自己的特点和潜力；二是标签带有强烈的暗示和指导，大人和孩子都会被潜移默化的认知限制住。但我们也要理解，这就是人类心智在千百年的进化中所形成的机制。

在美国职业篮球联赛（NBA）里，有一个角色叫球探，专门对从大学毕业的新秀球员和其他联赛转会来的新进球员进行分析，以帮助各个球队发掘适合自己需求的优秀球员。球探的报告很详细具体，有身高、体重、臂展、体脂、速度、弹跳、力量等身体素质指标，还有意识、性格、球商和领导力等精神素质指标，在最后，所有人都会被贴上一个标签，叫“模板”。

例如，勒布朗·詹姆斯（LeBron James）在高中毕业后马上参加了 NBA 选秀。他天赋极高，选秀模板被球探定义为魔术师约翰逊。这个标签可谓相当厉害，要知道，魔术师约翰逊的成就高居 NBA 历史前五级别，而詹姆斯在打了 20 个赛季之后，也证明了当年那些看好他的球探没有看走眼，如今的他不仅拿到总冠军、最有价值球员等桂冠，更是位居历史得分王。

标签不一定贴得正确，有很多新秀进入 NBA 后的实际表现远不如选秀模板，球探看走眼也是家常便饭，但标签的确能够帮助各个球队上上下下对新秀进行快速定位，从而节省了大量时间，毕竟不是所有人都能查阅数据、观看视频和当面交流。

在各行各业，心智分类处理都在发挥着巨大的作用。不少人看不懂标签，也很看不起标签，认为贴了一个标签就被牵着鼻子走，但符合心智、顺应人性的做法就是更容易被客户接受，所以不能一味排斥标签，要学会理解和运用。

与门店规模快速扩张不同，“煲仔皇”在产品内容和品牌表达上一直保持着比较克制的节奏。少就是多，少才能方便客户心智分类处理，一旦处理速度快了，客户就觉得舒服，舒服就会愿意长期复购。所以，要研发出一款“很能打”的招牌煲仔饭，打造出一个能被客户快速识别、长期记住的煲仔饭品牌。

相比家常菜餐厅的品种多样，煲仔饭的客单价不高，有些朋友建议可以考虑增加菜品，我并没有动摇。加一盅炖汤可以，加一味小菜可以，用同一款砂锅做啫啫煲也未尝不可，但如果加各式各样的菜品，什么炸乳鸽、炒河粉之类，就跟茶餐厅没区别了。当客户给“煲仔皇”贴上茶餐厅的标签，放进茶餐厅的分类里，“煲仔皇”就失去了独特性，反而可能出问题。

五、心智寻求安全。

心智的本质是一种算法，这种算法帮助人类对外界信息做出各种分析判断从而采取行动，如果算法犯错了，相应的人类可能会被淘汰，其基因无法遗传到下一代，所以能够存活到现在的人类不可能不考虑安全，而且必然首先考虑安全，其他因素都是次要的。

新锐历史学家尤瓦尔·赫拉利（Yuval Noah Harari）在《人类简史》中举了一只狒狒的例子，来说明心智寻求安全的重要性。这只狒狒发现附近一棵树上有一串香蕉，旁边还有一只狮子，狒狒就得做一个选择——要不要冒险去摘香蕉。

如果换成人或计算机，至少得考虑这么一连串的问题：我、香蕉和狮子三者彼此的距离，我和狮子的速度对比，狮子饿不饿，狮子醒没醒，香蕉有多少，香蕉熟不熟，我如果这次不去觅食还能熬多久……

如果狒狒很胆小，三番四次都不敢冒险摘香蕉，多半会饿死。如果狒狒很莽撞，计算有误或行动出错的话，一次失败足以毙命，丧身狮口。这两种狒狒都没法存活下来，唯有通过计算做出正确选择的狒狒才能够延续基因。

从这个角度来看，算法十分重要，如果商家提供的产品和服务不能让客户感到安全的话，客户是不会选择的。

可能有人会问："买东西而已，又不涉及生死存亡，要考虑那么多吗？"千万不要轻视心智寻求安全这个特点，不然，创业者很可能会犯错，或者绕弯路吃大亏。因为这个特点真的无处不在，影响深远。

例如，虽然去餐厅吃饭没有死亡威胁，但金钱损失对人的刺激是很大的，吃了不及预期的饭菜，钱花错了，人会非常懊恼。吃饭选错地方还有社交风险，被朋友们嘲笑是很没面子的事情。主打商务宴请的餐厅会很注重装修、格调和服务，就是想让客户觉得有面子，不然花了钱没招待好，心里肯定是不满意的。

《水浒传》第十一回"朱贵水亭施号箭，林冲雪夜上梁山"里有这么一个故事：林冲犯了死罪，投奔王伦，提出入伙的想法。王伦表示，为了让大家消除疑心，需要林冲提供一个投名状。林冲一开始以为是写一篇落草为寇的决心书，没想到王伦是要他下山杀一个人，因为只有这样，才能断绝林冲回到正常社会的退路。

小说中有投名状，现实中有信任状。在社会关系和商业运作中，有很多让心智感觉安全的做法、证据和表达，这些统称为信任状。常见且好用的信任状有这么几个：从众、权威、领先、始创、悠久、有效。

越是看到餐厅排队等位，就越有人愿意选择，他们内心的思考是：“那么多人选择肯定有道理，就算不好吃，也有大家陪着。”同样是咖啡，“每年卖出十亿杯”的就会比“每年卖出一亿杯”的更容易被大家记住。“每三个车主就有一个用我们的导航系统”，听上去也让人们觉得非常靠谱。从众的本质就是个体跟随群体的选择，减少个体选择出错，从而获得安全感。

法国轮胎公司“米其林”会为旅行者出版旅游指南，其中对优秀餐厅的星级认证广为人知，这些被评上星级的餐厅在食物、服务和氛围方面都表现出色，深受美食爱好者的青睐。一颗星代表值得停车一尝的好餐厅，价格适中，性价比较高。两颗星代表值得绕道前往的优秀餐厅，价格较高，但值得付出。三颗星代表值得专程到访的卓越餐厅，食材新鲜优质，菜品无与伦比，服务细致贴心，价格非常高，但一生必须体验一次。

专业评选、大咖认可、行业奖项这些都代表着权威，对心智的影响非常大，让其在很短时间内获得安全感，减少搜索、询问、比较和思考等方面的耗能。

领先的最高级是第一，如果能做到第一，就更有机会被容量有限的心智所认知和记住。如果还没做到第一，现在很多品牌都会想办法缩小范围，让自己成为某个细分品类的第一。

如果能成为销量第一，那是毫无争议的领先，但作为新进品牌的确很难做到，就可以思考更为细分的领先。以手机为例，可以考虑成为年轻人更喜欢的手机品牌、爱拍照的女生都喜欢用的手机品牌、更适合打游戏的手机品牌。同样的，如果不能做到厨房油烟机整个市场的销量冠军，可以再细分到更适合中式厨房的大吸力油烟机销量领先者。

哪怕是阶段性的领先、局部的领先，都会让心智拥有更好的安全感，品牌可以在细分战场上站稳脚跟后，再找机会扩大战果。

始创和悠久是一对孪生兄弟，都深受心智留意和欢迎。

始创给心智带来的感觉是很专业、很有研究，就像科学发明一样拥有独特的窍门、技术和方法。例如“毛肚火锅开创者”，强调自己的毛肚食材非常新鲜，不仅精挑细选，用天然木瓜蛋白酶发制，而且强调要按七上八下的原则来涮菜，就可以吃到爽口脆嫩的毛肚。

悠久给心智带来的感觉则是“存在即合理，长期存在必然很有道理”。例如，当看到历经四代传承的老北京铜炉火锅店、始创于清朝咸丰年间的包子店品牌、传承200年的广东凉茶配方，人们的信任感油然而生，觉得都坚持这么久了，肯定不会差到哪去。

如果上述几招都不沾边、不能用，强调有效也是可以增加心智安全感的，但有效必须把用处和效果说得非常直白，否则，心智理解起来太费劲的话，影响力就会下降。例如，累了困了喝“东鹏”特饮，饿了就吃“士力架”，喝“脉动”补充电解质，还有“没有中间商赚差价，买家少花钱，车主多赚钱”的二手车平台。

客户心智认为你是什么样，你就是什么样，而不在于你本来是什么样。

在过去技术不够先进的时候，手机、电视机、路由器都有天线，在老一辈人的心智中，认为有天线、天线长、天线多就代表通讯信号好。作为儿女的年轻人也耳闻目睹，到长大了之后，明明也知道现代通讯技术已经可以做到外观无天线，照样效果很好，但在购买的时候，在有天线和无天线两款中，很多人还是不自觉地选择了前者。这些例子无不说明，心智认为有效，比事实有效更有影响力。

六、心智喜爱不同。

之前已经提到，人贪新，但也不厌旧，在安全基础上追求新鲜感，在确定性范围内接受不确定性，这是心智很有意思的一个特点。心智容量有限这个特点决定了很多事情进入习以为常阶段之后，就会被人们所忽视，或者认为是必然长期存在的，于是人们往往会转为追求更新鲜的、与之前不同的。

例如，每个人在早餐、午饭和晚饭都有自己习以为常的、很有安全感的选择，时间久了就会厌倦，想尝尝新的餐厅和菜品，如果新的尝试不如人意，那也能退回来找“安全选项”。

当心智觉得不安全，或者安全感不充足的时候，是很难做出新尝试的，所以，品牌不能一味地标新立异，不能脱离安全感来谈创新。如果餐厅把招牌菜在菜单中明确标出，人们的选择概率会大很多。与此同时，服务员可以马上积极推荐：“要不也试试我们的时令菜、新菜？”顾客在这个时候的答应概率会提高，因为其心智已经获得了一定的安全感，再试试新的也无妨。

我对这两者之间的平衡有很多思考和实践，例如始终让“煲仔皇”菜品的总量保持着很缓慢的增长，甚至不增长，但每年每季都会在菜单中做一些替换，以满足新老客户尝新的需求，也有针对特定地区推出新菜品，以测试客户的接受度。

例如，在北京门店率先推出老北京卤煮煲仔饭，强调经过六道清洗工艺，采用秘制老卤配方，加入 32 种卤制香料，争取满足消费者对老北京味道的需求。在江苏等地门店推出的鱼籽凤尾虾煲中，采用了来自中国南海低盐海域、手工开背的凤尾虾，配以龙口粉丝和鱼籽酱，增强了菜品的层次感。

上述那么多案例和细节，不管是关于门店经营的具体落地，还是菜品安排的一线操作，很多餐饮人都有能力做到，甚至更加到位，但能够从抽象化思维的角度进行理解、归纳、提炼和运用的餐饮人并不多。做一两家或者几家门店，具象化思维可能就够用了，但如果是做世界级的、上规模的餐饮企业，没有对抽象化思维的学习、重视和运用，肯定是走不远的。

第5节

成长的核心是修炼好自己，自知者不怨人

在学习中，在那么多技能锻炼和认知提升里面，我觉得最困难和最喜欢的是同一个，就是改变自己。这意味着，既要认识自己、反省自己，还要让自己修炼得更成熟、更通透。

在成长路上，对知识和技能的学习很重要，但从对人生起决定性作用的角度来看，成长的真正核心是修炼自己。修炼自己非常难，例如，敢于自我反省，愿意自我改变，学会换位思考，克制浅层欲望，善于管理情绪。

反省是一件很有挑战的事情，普通人难，成功的人也难。普通人难以自省的原因是心智有很强的自我保护意识。试想一下，如果遇到一点小事情，人就自怨自艾，对自己各种不满，会导致自己情绪很差，也会失去自信，甚至陷入自我怀疑的精神内耗中。于是，人的潜意识会把错误和失败的原因归于外界，归于别人，因为这样就不用背负责任，不会责怪自己。

成功的人难以自省往往是因为路径依赖，本质是其心智抗拒改变。中国改革开放40余年，涌现了一批又一批的企业家，但能够带领企业持续革新并取得成功的少之又少。他们不是不知道革新很重要，而是曾经取得的成功反而限制了自己。商业环境是纷繁复杂、变化多端的，过去的成功并不代表现在也能成功。

以商品流通和销售的变化为例。最早需要取得政府发放的牌照或给予的配额，那么，把握政策和关系网络显得尤为重要，得资源者得天下。在限制放开和充分流通后，就看能不能迅速进入百货公司和零售商铺，后来又要转到大型的综合购物中心，得渠道者更胜一筹。在引进外资和国际化浪潮中，能够进行中外合作或参考国际领先模式的，更容易成功。在互联网及移动互联网爆发之后，能在网上做生意、抓住网络流量和吸引客户注意力的，自然做得比别人好。在产能过剩、供大于求、同质化严重的阶段，有特色、有见解、为客户提供情绪价值的渠道更受青睐，于是又要跟 KOL（Key Opinion Leader，关键意见领袖）和 KOC（Key Opinion Customer，关键意见消费者）合作，通过他们去传播信息和推动销售。

在这几十年里，光商品流通销售这一个环节，中国商界就发生了那么多深层次的、大跨度的变化，创业者的确很难跟上节奏，对曾经的成功产生路径依赖也不足为奇。

我从小就喜欢反省自己，因为我看到很多优秀的人也喜欢反省自己，所以我知道这么做是好的。在我前几次创业遇到挫折和失败的时候，我喜欢去看王阳明和曾国藩。他们也犯错，也有很痛苦的时候，但他们都愿意承认自己的错误，为自己的错误买单，不推卸责任。那我也选择把自己作为成长的参照物，我能比昨天的自己进步一点点儿就是成功，我也就挺开心的。

中国近代思想家梁启超曾从“立德、立功、立言”的三不朽标准评出其心目中的“两个半圣人”，第一个是儒家思想创始人孔子，第二个是明代思想家、军事家、阳明心学创始人王阳明，最后半个是晚清四大名臣之首、湘军创始人曾国藩。孔子被尊为圣人，自然毫无争议，而后两人都因很能自省其身而备受后人尊敬和学习，他们对我的影响也是极大的。

王阳明的心学有三个主要组成，分别是心即理、知行合一和致良知，无一不与自省有很大的关联。

先看“心即理”。俗话说：“公说公有理，婆说婆有理。”指不同的人根据自己内心的认知而产生了不同的道理和准则。在阳明心学里，心是指身体里那个能够深度思考、可以控制身体行为的存在，理是指让世间万物存在和运行的法则、原则及标准。心即理并不是唯心主义，而是指心的出发点、格局和境界不同，看到的世界就不同，能做到的事情和能实现的成就也不同。

以我的三段餐饮创业史为例进行拆解，做“老家肉饼”时，我的心是看到了通过加盟可以快速且低成本地学习创业，还可以赚钱；做“一品三笑”时，我的心看到了创立自有品牌，成就更大的事业；做“煲仔皇”时，我的心依然保有前两者的很大部分，同时也想用中餐做出一个受人尊敬的世界级品牌，对员工、行业和社会提供更多价值。面对同一件事情，心变化了，选择可能就发生变化。

反省在“心即理”里起到很关键的作用，就是提醒自己要不断审视出发点、格局和境界，从而做出更符合内心的选择。

举一个采购的例子：同样是泰国茉莉香米，品质和成本没发生变化，但如果心里想的是赚钱，可能不会选它，因为成本高的原料不是赚钱的优选；如果心里想的是品牌，可能会选它，因为好的食材会说话，能带来更多好评；如果心想到的是价值，就会毫不犹豫地选它，因为一锅好米饭的价值能让自己有底气，让顾客更满意，让煲仔饭传统文化发扬光大，成本的压力可以另外想办法解决。

这样的转变不能完全指望靠外界来促成，靠外界倒逼出来的结果，从外表看上去是一样，但心里其实没认可。唯有反省这个方法能让心先认可，理自然就顺了。

再看知行合一。很多人理解为“知道的和做到的要保持一致”，这只是字面意思，内里含义是“知是行之始，行是始之成”，知和行的关系是互相印证、互相促进，然后形成良好的成长闭环，用好的认知去推动好的行动，以好的行动去巩固好的认知。

知行合一并不容易，普通人可以从言行合一开始做起。人为了建立自信心，不知不觉就会从言语上夸大自己的能力，俗称吹牛。创业者有时候也分不清，到底自己说出的话里面，什么是信心，什么是吹牛。

在“煲仔皇”从一家店开到上百家店的过程中，我自己也有膨胀的时候，门店还没开出来，我就要和投资人、员工讲将来的发展，在一步步做到的时候，我很容易给自己一种感觉“我说的，都能做到”，然后我就越来越敢说，但说多了一定会有超出能力范围的时候。所以，我有时候心里也挺慌的，只是别人可能没察觉出来。

世间万物的底层逻辑往往是相通的，我从佛家的“外观世音，内观自在”学习到了与王阳明“知行合一”类似的道理，外观世音指观察外部世界，敏锐地察觉他人的需求和困扰，内观自在指反观自身，审视自己的思想、情绪和行为，保持内心的平静和自洽，从而找到和外界相处的方法。

每次在对别人讲愿景和目标的前后，我都会关照自己的内心，看看自己的情绪有没有起波澜，这些波澜是兴奋还是沮丧，波澜的背后有多少与行为相关，有多少是脱离行为、脱离实际的。

2023年是“煲仔皇”门店发展目标为200家的一年，到了这年的最后一个月，离目标还差十几家，让大家拼一拼是可以达到的，我却主动把目标降了下来，关照团队别这么着急冲刺。

冲刺本身是令人兴奋的，但在最后一两个月的冲刺可能会留下隐患。开店的本质还是为了品牌健康发展，如果后续跟不上，开店后再调整，甚至之后关店，完全得不偿失。对内心的关照和反省，让我调整了对外的行为，算是一次知行合一的选择。

最后看致良知。这是王阳明在晚年潜心研究和提倡的理念。良知是人的道德自觉，也是人的本性，人要通过行动去践行良知，致良知的致就是指在事上磨炼。这跟佛家禅宗说的“即心是佛”有异曲同工之妙。

王阳明融合了佛儒两家，他认为人在成长过程中本就对天理和道德有所了解，就算后天有私欲障蔽，内心依然知道何为天理规律，何为是非善恶，就看能不能根据良知实实在在地去立身处世。

私欲会障蔽良知，自私、自卑和自大也会，如果没有内心反省，致良知是无法实现的。不管小事大事，都是反省自己、修炼自己的机会。有一次，和朋友在外面喝茶聊天，正聊到兴致上，服务员突然敲门进来，提醒时间到了，问我们是不是续费，一下子把节奏和气氛都打乱了。我就很生气，情绪一下子上来了。

我觉得自己在全情投入，也不是没钱付茶费，店家这种操作不够尊重客人；但反省之后就不一样了，我会觉得服务员只是一个标准操作，不管客人男女老幼、熟客生客、有钱没钱、谈事还是休息，都一样对待，服务员有服务员的操作，自己有自己的聊天，说一声续费就可以了。

光这样反省还不够，还得往下深挖。我知道按部就班能让自己有安全感，映射出自己是一个习惯做计划、不喜欢突发事件的人，就像在新开门店这件事情上，如果团队有人员变动、商家租赁改条件、供应商配合出了问题，原本计划就可能没法如期如愿实现，自己难免有很多情绪和想法。

这时候，自私的人会觉得这种变化损害了自己的利益，一定要向别人讨回公道；自卑的人会想自己怎么那么倒霉，做事经常被打乱计划，要不放弃算了自大的人会认为如果对方不和自己合作，一定有很大的损失。

如果在反省中剥除私欲和名利，就会认识到：从天理的角度看，合作的各方从道德和利益角度都知道应该按计划行事，但商业乃至世界的变化是无时不在的。从道德的角度看，物来该顺应，既然自己做了不断开店的选择，那对随之产生的各种变化进行应对，也成为了选择的一部分。

如果看事情只停留在是非对错层面，人是没办法真正成长的。开一两家店也好，开两百家店也罢，只要企业在运作，就必然有商业合作和社会分工，必然存在角度不同、方法差异、收益盈亏，甚至为了利益你争我夺。不要一味去抱怨，不要太纠结一时之间的是非对错，应该经常反省自己，才能实事求是地处理问题，创造性地找到解决方法。

晚清名臣曾国藩是被梁启超认为仅次于孔子和王阳明之后的“半个圣人”，也是我在创业之初就开始学习和研究的对象。曾国藩留给世人很多有价值的思想和启发，让人记忆最深、收获最大且与反省最有关联的就是“克己”，不管在创业最艰难的时候，还是取得自知者不怨人，知命者不怨天。

一些成绩的时候，我依然牢记和践行“克己”这一点。

《荀子·荣辱》里说：“自知者不怨人，知命者不怨天。”意思是，当遇到不顺心的事情，有自知之明、能掌控命运的人不会怨天尤人，而是做好自己能做的事情。曾国藩历来都把心中的怨气当成克服人性弱点、修身养性的磨刀石。

清朝同治八年，曾国藩亲弟曾国荃带领湘军主力，在南京雨花台和太平天国军队打得不可开交。江南地区突发瘟疫，削弱了湘军的战斗力。屋漏偏逢连夜雨，支援前线的四万两漕银军饷被当初由曾国藩举荐到江西巡抚位置上的沈葆桢扣住了。沈葆桢的理由是，要用这些钱来建设江西自己的军队。

曾国藩非常惊讶，沈葆桢一向被他看重并视为自己人，也明知湘军此刻十分危急，竟然在毫无沟通的前提下做出釜底抽薪的举动。他在日记里写下了：“然以江西抚、藩二人似有处处与我为难之意，寸心郁郁不自得。因思日内以金陵、宁国危险之伏，忧灼过度。又以江西诸事掣肘，闷损不堪。”郁郁不自得、忧灼过度、闷损不堪，他连用三个非常沉重的词语来描述自己的心情，几天后，又说：“三更睡，五更醒，辗转不能成寐。”连觉都没睡好。

无奈的曾国藩只好软硬兼施，先是放低身段，让利求和，致信沈葆桢表示对其留钱组建军队的理解，愿意以后平分漕银。未果后，他又向沈发出公文要求公事公办，没想到沈葆桢软硬都不就范，竟然还奏请朝廷，不再把江西省的厘金上交。曾国藩愤然上书，据理力争，最后换来朝廷“和稀泥”的决定——各拿一半。

在这件事情上，不管是当时曾国藩的部下，还是后来的史学家，绝大多数人都对沈葆桢如此忘恩负义的行为表示质疑和不满。曾国藩也和沈葆桢绝交了，但作为当事人，他并没有对沈葆桢有报复性的言论和行动，苦恼的他不断反思到底自己有什么地方得罪了沈葆桢，对李鸿章说了一句很经典的话：“此心可质鬼神。”

这句话也写进了曾国藩的遗书中：“一曰慎独而心安。自修之道，莫难于养心；养心之难，又在慎独。能慎独，则内省不疚，可以对天地质鬼神。”意思是，人要学会独处，思想言行都要谨慎，对外行事才会心安理得。在修炼自己的道路上，最难的事情就是养心，养心需要慎独，不断地内省，才可以对得起天地良心和鬼神的质问。

如果换成其他人，早就不惜用尽手段让沈葆桢就范，或者可能在战场上、朝廷里破罐子破摔了，但曾国藩依然不卑不亢、审时度势地解决了这个十分棘手的问题。这和他坚持自省和管好自己情绪是分不开的。

在“煲仔皇”创立早期，经常遇到现金流断裂的风险。有一次，几个高管形成小团体，搞办公室政治。当时正是很缺钱的时候。我当时的自省是：人是我请进来的，也是我亲自领导的，虽然他们搞办公室政治排挤别人是他们有道德问题，但招人管人的责任还是在我身上。

在没有明确的工作失误、没有协商一致的情况下，临时辞退员工应按劳动法给出一定的经济补偿。即使这样，我也辞退了他们。我很清楚，现金流紧不紧张跟辞退高管没有绝对的因果关系，业务能不能做好还是得创始人和团队自己找到正确方法，相反如果把前两者都归因在几个高管身上，就是没有把自己修炼好。

第6节 成长的终极是建立系统观，视界决定世界

我的学习内容和成长感悟有很多都来自中国哲学或者中国智慧，因为比起西方哲学，我觉得中国哲学的系统观更宏大、更透彻，可能从层次和格局上可以给到个体更大的帮助。很多时候，不是困难变小了，而是我们格局和能力变大了。

孟子曾说，穷则独善其身，达则兼济天下。成长的核心是修炼好自己，成长的终极是建立系统观，前者是个体，后者是整体，两者是辩证统一的关系。修炼好自己，是完善和强大自己，不容易被外界牵着鼻子走。建立系统观，是置身于更宏大的维度，与系统融为一体，为个体处理当下目所不能视、力所不能及、心所不能至的问题，找到更直达本质的启发思路和解决方法。

我曾以自己被茶馆服务员打扰、被供应商变化影响开店进度等事情来复盘反省，让自己站在不同角度处理利益和情绪的问题。

站在自己的角度，遇到冲突，内心难免有各种各样的主观判断，难免有对自身利益得失的诸多想法，从而产生了相应的喜怒哀乐和贪嗔痴怨。

站在群体的角度，个体又不能只考虑自己，要获得生存空间总得顾及大家共同的利益，这时候就要学会沟通、妥协和约束。

站在科学的角度，对情绪的最新研究结论是由神经化学物质（例如多巴胺、血清素、肾上腺素

等）引起的大脑活动，关联着人类的思想、感觉和行为。

当站在人类文明和科学研究的系统角度，看法就很不一样了，虽然科技已经突飞猛进，但人脑处理情绪的能力可能跟刚开始独立行走时，没有本质差异。

以善恶为例，站在个体角度，对自己好的称之为善，对自己不好的称之为恶；然后，在系统观里增加一个时间维度，也就是探究人在什么时候产生善恶之分，就豁然开朗了。

孟子在人性问题上提出了“性善论”。《孟子·离娄章句下》里有一句话：“大人者，不失其赤子之心者也。”意思是如同赤子一样、心底纯一无伪的人是大人。刚出生的婴儿全身是红通通的，所以称为赤子，这句话里的大人不是指成年人，而是保持真诚真实而活得顶天立地的人。

无独有偶，老子在《道德经》中有句类似的话：“常德不离，复归于婴儿。”老子认为，婴儿的状态就是“道”的状态，是混沌的，包容一切而又与一切浑然一体。

婴儿刚出生的时候是没有自我意识的，分不清自己和世间万物的区别，对什么都不知道，对什么都好奇。既然分不清、不区分，那就没有你我之分，连自己都分不出来，自然就不会根据自己来区分善恶。当婴儿逐渐长大，意识到自己的生存需要依靠环境和周围的人，就会把利于自己生存的认为是善的，反之就是恶的。

当善恶被放到更大的系统里，可能连善恶本身都不存在了。“天地不仁，以万物为刍狗。”这句话出自老子的《道德经》。普通人看这句话，从字面上可能有一种冷酷无情的感受，但老子的意思是世界有自身的运行规律，这些规律是客观的，不受人类感情影响的，也不以个体的意志为转移。这些规律是平等的，没有专门针对谁，也没有专门倾向谁。

天要下雨，不根据你今天出门有没有带伞而决定，你可能今天刚谈成了一笔大单子，看到下雨就觉得空气很清新，像农民久旱逢甘霖一样，你也可能今天刚和投资人谈崩了，资金又不知道什么时候到位，看到下雨觉得“屋漏偏逢连夜雨”。

创业者遭遇失败的时候都会有情绪，也会根据自己利益、立场找到对应的各种善恶判断。要是把这些情绪和善恶放在更大的系统观里，一是小到可能根本不算什么，二是表错情了，规律就是规律，变化就是变化，不针对某个个体、某家企业、某个行业。

值得一提的是，这里不是说情绪不重要，也不是说利益皆可抛。情绪恰恰是人区别于很多动物所特有的，也不全是副作用，如果对一切利益得失都不管不顾，这样的人也很快会被淘汰掉。

情绪可以有，但要记得它在世间万物的根本规律面前，作用极其有限。很多创业者回顾过去，都提到“当时找了个地方放声大哭，哭完之后回来，该怎么干还得怎么干”。

情绪是敌不过那些底层规律和客观周期。例如，要是在经济寒冬，人们还像经济向上时候那样大开大合地做事，很快就会耗光自己的储备，陷入非常危险的境地。

一个好的系统观是既有稳定性，又有开放性。这看着矛盾，“既要……又要……”做起来很难，但恰恰是很有趣的地方。

系统是层层嵌套的，大系统影响中系统，中系统影响小系统。这意味着，系统观越小，受到的影响就越多，自然越不稳定。系统观越大，越保持开放性，就越看清楚事物本质，也就越稳定。登高望远和坐井观天是截然不同的，能一眼看清本质的人和活一辈子都看不清本质的人，命运注定也是截然不同的。

宏大的系统观和看清本质的能力都不是与生俱来的，首先要丰富视界，然后是深度贯通。

视界决定世界。人的不安全感、焦虑感绝大部分是因为对未知有恐惧，如果已经知道了、想到了、经历了，遇到问题就很淡定。如果不能见多识广，就会少见多怪，整天一惊一乍的人很难成长，没办法做大事。

能够突破阶层、实现跃迁的人，往往是能够接触到更大世界的人。富有的富，首先是视野丰富的富、认知丰富的富，然后才可能成就物质财富的富。

很多人提倡成长要有批判性思维，就是通过一定的标准对事物进行探究，其中包括质疑、分析、辨识和判断，但如果呆板地理解批判性思维可能会导致一些问题，例如，容易觉得任何事情都要有一个是非对错。

而在建立系统观的角度来看，人有主观的道德准则，但系统本身并没有主观立场，了解系统的运转原理比纠结于是非对错更重要，这样的角度更利于人们暂且放下对是非的执念，尽量用开放的心态扩大视界。

我在创业后，逐渐整理了自己对扩大视界的四个学习方向，分别是宇宙真相、生命个体、商业经营、人文社会。

宇宙真相看着离普通人很遥远，大到宇宙形成，小到微观粒子，似乎学了没什么实际用处，其意义在于让人能更了解自己的位置。在如此大的空间尺度和时间维度上，人就不会自大和独断，思维边界扩大之后，想象力也会更丰富。

在这点上，科学家可能是把成长做得最好的一个群体，不管某个理论或设想是由哪个权威提出，只要有真实确凿的证据证实或证伪，科学家就会随之改变态度。可能在过程中有非常激烈的争论，但只要结果证据被反复验证，科学家就会承认和接受，直到未来某一天，有更符合现实的理论及证据出现，他们再次对自己的认知做出更新和改变。

关于生命个体，有很多值得学习的知识，其中很重要的一点是如何做出选择和判断。人们要在世界上生存，就必须思考什么是值得相信的，什么是存疑的，以及根据什么来做出是否相信的判断。

人们从小就学会用五感从世界获取信息，但五感是有局限的。科学家也研究发现，即使五感获得了很准确的信息，但传输到大脑进行处理的时候，也有可能被“曲解”。

例如给同一个人拍照，从上往下的角度会显得人又矮又胖，从低处往斜上竖拍的角度会显得人更修长，如果被拍人把腿往前伸，身体略后仰，同时站在环境背景更有深度的地方，我们的视觉会觉得这人拥有一双大长腿；但事实上，这都是同一个人。

五感会有脑补，记忆也会有脑补，而且，可能对人的命运造成很深远的影响。人们常说“我记得很清楚。”或“我不可能记错。”。事实上，人的大脑不是一丝不苟、全盘照收的复印机，而会对记忆进行筛选和重构。

其中，包括这几个特点：一是遗忘性，每次复述事情都会随时间推移而变得更省略；二是同化性，复述事情会根据自己的立场、逻辑、文化和习惯做出强化性的修改；三是补偿性，把自己并没有

富有的富，
首先是视野丰富的富、
认知丰富的富，
然后才可能
成就物质财富的富。

真正掌握的、缺失的部分或原因，按照自己的需要和理解进行描述，即俗称的脑补；四是特征性，人的记忆容量真的很有限，习惯选择某些特征或标签进行记忆，方便存储，也方便将来调用。

提起中式美食的时候，人们很难把所有的细节都一一描述，但很多人都会想到烟火气，而提起煲仔饭，就会联想到柴火、煤炉、灶台、砂锅、锅巴和酱油浇下去嗞嗞作响的声音。从这个角度来看，餐厅不是要做出自己想要的煲仔饭，而是要做出符合客户心中所想的煲仔饭，所讲述的故事、所采用的装修、所营造的氛围能够调动起客户的记忆脑补功能，就离成功不远了。

在商业经营上，很多人热衷参加商学院的课程，学习如何管理经营企业，如何看懂财务数据，如何运用金融工具，其实，很多都在彼得·德鲁克（Peter Drucker）、杰克·韦尔奇（Jack Welch）、稻盛和夫等管理学大师、杰出企业家的书籍和理论里出现过，非常值得学习。

除了这些具象的知识，还要重视研究抽象的原理，其中很重要的一个方向就是心智，艾·里斯和杰克·特劳特所提出的定位理论是每个创业者必读必学的经典。一切行为皆因起心动念，真正的商业战场是在人的心里，真正起决定性意义的东西往往是无形的。

在人文社会里，政治、经济、历史和哲学无疑是极为重要的几个组成。研究人文社会对于创业者最有帮助的是对应着企业的经营管理、文化建设和价值创造。

例如，人是环境的产物，也使得地缘政治（地理要素和政治格局）在政治研究中越来越受重视。在个人层面，它影响着个人成长和民族习惯；在国家层面，它影响着国家的经济活动和综合国力；

在国际层面，它影响着国家之间的利益关系。为什么大一统局面会出现在中国且延续至今，而欧洲却大相径庭？这跟两者地理环境的差异也有着密不可分的关系。

类比到企业里，“煲仔皇”作为致力成为受人尊敬的中式米饭连锁快餐品牌，要在中国市场成为行业领先者，最初很快就放弃街边店，专注发展购物中心店，就是因为研究了中国人在快餐消费上的表现和数据。城镇化发展和消费环境变化如同地理环境一样，深刻地影响了中国消费者的行为。

很多人认为逆势而上靠勇气，其实逆势而上首先要靠认知，不然就成了莽夫，成功一次也不代表能一直成功，有勇无谋终归会失败。认知加深要靠学习，但世界上那些有价值的问题几乎都没有现成答案，没办法直接抄作业。

那些成功的创业者和企业家能够不断成长和突破，靠的是如同孩子般的好奇心和开放心态、按需而学和有感而动的学习执行力，更关键的是相信“我本具足”，专注修炼自己，不断打造更宏大、更稳定、更开放的系统观。当做到这些之后，困难和问题还是会出现，只是可以被更良好的心态、更有效的方法、更高维的认知去解决。

第五章 与高手为朋，择贤者为师

第1节 享受好的物理环境，并不需要大富大贵

“煲仔皇”创业起步的时候，总部中台团队11个人全都挤在一个小小的地下室工作，没窗户，看不到太阳。随着业务发展，办公室搬了几次，后来到了曙光大厦，大家都说这个名字好，代表更有希望，而且是第一次坐进有窗户的办公室，环境明亮，心里也敞亮舒坦。

我也有点儿感慨，好像真有那么一点儿玄学的味道，搬到曙光就一片光明，想想大家以前真不容易，在艰难的环境里辛辛苦苦熬了好几年。

环境还是挺重要的，对人的影响很大。我现在回想，在疫情前把家从市区搬到郊区的决定太正确了，其实租金不算贵，但多一个大院子可爽了，有事没事在那里待着，怎么都很舒服。

住在郊区之后，正常时间出门上班会遇到早高峰，路上得堵好久，于是我索性晚半个小时出门，最后也是差不多10点到公司。在路上还能听书，听演讲，听有声课，或者可以开一个电话会议，到了公司马上办公，什么都不耽误。

一开始，很多人对这个做法表示不理解，每天通勤来回车程就超过三个小时，自己开车还是挺累的。我觉得搬家这个环境选择对自己和家人都是十分正确的。一方面，孩子可以就近入读心仪的幼儿园，家人可以养花种菜，老人可以享受很大的绿化和休闲空间；另一方面，在新冠疫情持续的三

年里，城郊家里那个小小的院子发挥了巨大的作用，让人很放松地待着，哪怕什么事情都不干，哪怕什么都改变不了，内心依然能有一丝平静。

在城郊的家里，红色的砖墙围出一个阔落的院子，红黄相间的地砖从院子门口一直铺到尽头，尽头处可以停三四辆车子。车道旁边是一块被平整过的土地，大块的白色石头以一个Y形延伸，正好把这块土地分成相对均匀的三个部分，分别种上了青菜、花和果树。靠近花和果树的地方，支起了一把很大的遮阳伞，伞下有一张方形的玻璃茶桌、三把藤椅，这就是平时闲坐放松的地方，谈不上精致，但有生活气息，就是家的感觉。

人是环境的产物，达尔文的进化论指出生物要生存就得适应环境，否则会被环境淘汰，中国也有俗话说："近朱者赤，近墨者黑。"可见环境对人的影响十分深远。反过来看，人对环境也有选择权，认知觉醒的人会根据自己的喜恶和需求，有意识地筛选和营造自己所需要的环境。

环境可以分为物理环境和人文环境，人未必有那么大的能力可以一开始就营造环境，但选择环境是一开始就能做到的，而且很多好的物理环境也不需要很有钱才能选择。

随着城镇化的发展，很多人从农村、乡镇到了城市上学、工作和生活，有的是从小城市搬到大城市，也有从中国到海外留学和工作，这些选择代表着希望拥有更大的视野，得到更多的机会。

也有一些年轻人在大城市打拼若干年后，受迫于居高不下的房价，生活压力大，幸福感低，选择到二、三线城市或回到自己家乡发展，被舆论称为"逃离北上广"。

这两种选择的方向截然相反，到底应该根据什么对物理环境进行选择呢？

美国作家亨利·梭罗（Henry Thoreau）根据自己28岁在瓦尔登湖畔独居两年多的亲身经历写出了著名的散文集《瓦尔登湖》，反映出他对回归自然和简朴生活的真挚热爱，以及对拜金主义、享乐主义、物欲生活的深刻反思。

梭罗只花了28美元购买原料，搭建了简陋的木屋，再用十几美元购买了衣服和食品，剩余的生活物品都从瓦尔登湖当地取材获得。他向人们展示了如果只维持基本生存，物质需求可以简单到如此地步，剩下的时间和空间都可以来满足精神需求，同时依然保持强健的体魄。

梭罗并非提倡人们要过清苦、避世的生活，也并非抛弃社会责任、逆人性、逆文明，他在瓦尔登湖住了两年，期间也会与朋友会面。梭罗想以一种生活实验的方式告诉人们：生活中的物理环境和消费方式都是可以选择的，而选择的依据是你想过什么样的生活，拥有什么样的社会关系，实现什么样的人生价值。

物质是物理环境中的重要组成部分之一，物质可以给人带来满足感，也可以带来压力和焦虑。小到桌上摆放的东西，中到衣食住行穿衣打扮的消费，大到居住的城市、住宅和拥有的房产、车辆等资产，这些物质及背后的物理环境都可以被选择，也可以由我们自己来决定如何链接和产生价值。

很多人小时候物质匮乏，有些因为家庭经济条件限制，有些因为父母思维观念导致，等自己长大后有钱了，就不自觉地买买买，有用没用的都囤一堆。以消费补偿过去的心理缺失，从而缓解压力和焦虑。这种属于个人在经济上的选择，别人无权干预。

如果消费没有带来深度链接，只是为了填补过去形成的严重匮乏感而买买买，就会导致人和物品、环境是割裂的，陷入永远都买不够、永远都不满足的恶性循环。

想处理好人与物质的关系，并不是简单地拥有或放弃物质，而是根据自己的价值判断、精神需求去选择和使用物质，成为真正的掌控者。

做餐饮的人对成本都很敏感，特别是我们做快餐的，一个百分点都是很大的数字；但如果遇到一些贵的好东西，我也敢去消费，体验一下到底为什么贵、好在哪里，我不会觉得自己不配得。我那些做高端餐饮的朋友经常去体验特别的、稀缺的、贵一点儿的东西。这是他们的工作需要，因为他们通过亲身感受，才能知道怎么给自己的客户提供高端的体验。消费不要只看价格，要看价值和需求。有钱不乱花，该花就得花，花了就要好好用，用出价值来。

东西的价钱高低贵贱是一方面，跟它们的链接又是另一方面。有些人很有钱，只会买，不会用。我一点儿都不羡慕他们，我觉得挺糟蹋的。这个院子没花我多少钱，但花了我很多时间精力去打理，特别是这块地，划出来一块种菜、一块养花、一块植树。花、菜、果都有了，春夏秋冬也有景，这让我有了一个很舒服的小空间，我觉得它对我产生的价值比黄金珠宝都要大。

对物品的收纳整理是感受价值、梳理思绪的好方法。在整理、分类、摆放物品的过程中，思绪会集中在上面，获得颗粒度很细的感受。从物到人，由物及心，与其说人在整理物品，不如说更多在感受自己的内在状态。在收纳整理完成之后，环境的杂乱感消除了，也会给人的内心带来清晰和平静，这样的梳理不仅仅是物理上的，也是心理上的。

科技高速发展，人们生活节奏越来越快，多到爆炸的信息量让大脑疲于奔命地处理，人们反而失去了内心的掌控感和安定感。不要小看这样的收纳整理和细微感受，人们不需要花多么昂贵的金钱代价，就能培养自己的耐心和细心，也重新拿回掌控自己时间和精力的自信心。

物理环境是值得投资的，投资不仅仅指买房租房，也包括不用花多少钱的整理改善，完全可以把自己的家、卧室、沙发、车子、办公室、办公桌改善得更舒适、更顺心，这是每个人都可以做到的事情。

很多人对待物理环境的观念是“等我有钱了，我就换到更舒服的地方”，其实，可以反过来，先想办法用很小的成本改善身边的小环境，让自己现在所处的地方更舒服，人的情绪感受更顺畅了，自然就有更多的精力和动力去工作赚钱。

家是物理环境中一个很重要的组成部分。中国历史有相当长时间处于以土地为核心的农耕文明时代，中国人也发展出对家庭住宅的风水学说，刨除当中迷信和玄学的因素，核心其实是中国人对家庭居住环境的经验总结和指导法则。

俗话说：“依山傍水好人家，坐北朝南有正气。”背后的科学依据是中国位于北半球，阳光照射角度使得坐北朝南的房子冬暖夏凉，哪怕在冬天也有很充足的日照时间，而房子背靠山岭能抵挡或削弱冬季从北面吹来的寒风，夏季湿润温暖的南风遇到山岭又会带来降水，有利于农作物的生长。

在住宅里面，中国人对光线、气流、声音、观感等因素也很讲

有钱不乱花，
该花就得花，
花了就要好好用，
用出价值来。

究，都是为了让人在一生中花最多时间待的地方过得更舒适，在良好的住所环境中生活，才有利于身心健康。

讲起风水，“煲仔皇”刚开店的时候，主要参考广东茶餐厅的风格，所以那时候在店门口放了一个关公像。有朋友说我这是迷信，也有朋友说我这是黑社会，但广东朋友就觉得很合适，因为广东人讲究这个，说开门得挡煞。有煞没煞，我真不知道，但一进店门就直冲柜台是让人感受不太好的。环境对人的影响真是挺大的，是一门值得研究的学问。

有些人说自己的物理环境能调整得很有限，平时收入不多，出差不能住五星级酒店，也不可能透支去租一个大房子、大别墅。不妨换一个角度思考，人不拥有优质环境的所有权，但依然可以进入优质环境，这样就会豁然开朗。

20 世纪 30 年代的伦敦诞生了“城市漫步”（City Walk）的观念和行为，由一个对当地很熟悉的人带队，领着大家穿行于城市之中，观看建筑，漫步公园，体验集市，从历史、地理、人文、景观等方面深度了解城市鲜活精彩的一面，抛开对交通工具的依赖，抛开对景点打卡的执念。城市漫步既是一步步行走，也是一步步体验，还是一步步拥有。

例如，一个城市里有怡人的滨江水岸风景，或许只有少数人能买下附近的观景豪宅，但如果每天忙碌如蝼蚁，这种美好的环境并没有被业主真正体验到多少，而任何人都可以找时间去那里散步、跑步、品茶、看书、聊天，后者的体验感和收获感并不比前者差。不用纠结于是不是拥有好的物理环境的所有权，而是想办法花时间去体验它，从中享受到类似长期拥有的效果。

第2节

差的环境大多缺钱，好的环境不能缺爱

人文环境比物理环境更复杂，人比物复杂很多，而且，人是很难被改变的，尤其是成年人。人们常说“成年人不能被教育，只能被筛选”，人在成年后已经形成一套习以为常的观念和行为，除非亲身经历很大的变故，否则无法被轻易改变。

于是，也有一句话叫：“人教人，教不会。事教人，一次就会。”意思是人的观念一旦形成，光靠书本和言语的教育很难改变，而一旦做事吃亏了，利益受损了，人会因为切身的痛感而发生很大的转变。

创业者经常有改变行业、改变世界的各种想法，也会想改变人。我最早创业的时候老觉得别人比我笨，总想，这些人怎么就教不会呢？但我现在不这么想了。一是别跟自己过不去，用事情去筛选人就好了；二是我还是得先做好我自己，我好了自然能影响别人。就跟开餐厅一样，别人看你开 1 家，觉得不怎么样；开到 3 家感觉你有点儿样子；开到 10 家，认为你有模有样，开到 100 家，对你刮目相看。

筛选人文环境的关键不仅是筛选别人，更重要在于做好自己。通过做好自己的每一个选择、每一件事情，来影响身边的人，包括吸引与自己有相同价值观、同频共振的人，告别那些道不同不相为谋的人。

人文环境最主要的构成部分是家人、同学、同事和朋友，要营造好的人文环境就意味着自己要在家庭、工作和朋友关系里先做好自己，给出与自己价值观相符的关系信号和影响力。在这几个人文环境里，家庭是最重要也最有挑战的一个。

人对家庭环境最重要的诉求是安全和舒适，安全感主要来自于完整，舒适感主要来自于理解和包容。人类既经历了母系社会，也经历了父系社会，现在社会趋向于男女平等，父亲和母亲都有各自对孩子的价值输出和影响方式，从而构成了相对完整的家庭环境，赋予孩子安全感。

在单亲家庭里，父母某一方的缺位会导致孩子成长遇到的挑战比别人多一些，但不代表单亲家庭的孩子就一定成长不好，也不代表非单亲家庭的父母都做得很好，关键看如何让孩子既认识到男子汉的阳刚气概，又感受到女性的柔美细腻。

“厉害的人都是雌雄同体的。”这句话很妙，看上去是玩笑，但很有道理。厉害的人能够把理性和感性、刚强和柔软、直率和含蓄等风格有机地结合在一起，因地制宜地用在合适的地方。就像太极图一样，黑中有白，白中有黑，黑白交织的同时，也形成广阔的灰度，凡事不必执着于二元对立，完整立体会带来安全感，也会更有力量感。

俗话说：“清官难断家务事。”足见在家庭的环境和关系里，很多事情是非常复杂的，但看透本质之后就会觉得很简单。处理好家庭关系的本质是爱自己、爱对方、爱长幼，以及努力做事。

爱自己，意味着思想独立和选择独立。

创业的人以及在家里是经济支柱的人，容易有一种心累的感觉，有时候觉得自己那么辛苦打拼，对方怎么不领情，怎么不体会自己的难处。“我那么辛苦，还不是为了你。”这种话，有些父母会对孩子说，有些人也会对另一半说。这种想法和表达的背后，是希望对方认可自己的价值，同时也把评判自身价值的主动权交了出去，会让对方感受到莫名的压力和要挟。

爱自己，并不需要一味地表现得强大，也不需要一直扮演给予的角色，有时候主动示弱，向对方寻求帮助，让对方一起参与到对关系的建立、维护和付出中，反而能够获得很好的效果。

爱对方，要注意不仅是经济上的付出，而是能够主动表达和尊重差异。

东方人一般比西方人含蓄，中国人在社会关系中有“点到即止”和“心领神会”的传统观念，不喜欢的时候表达很婉转，喜欢的时候也不会太主动。这种含蓄造成了双方在期待和事实之间的不对齐，这种不对齐所导致的猜疑和失望使关系产生了裂痕。

对齐不等于一致，对齐的关键是让信息互通，减少沟通误差，最大的好处在于知道对方的需求，并在力所能及的范围内予以满足。不同人的喜好肯定是不同的。例如，一个人自己爱吃西瓜，经常自以为是地给一个爱吃苹果的人送西瓜，一开始还行，但时间久了，人家就吃不消。那还不如多问问对方喜欢什么，了解差异和尊重差异是爱对方的重要基础。

爱长幼，本质是尊重规律，强而不霸。

很多人都有自卑的情绪，这并不可怕，可怕的是用盲目的自信和霸道来掩盖自卑，内心强大的人反而更谦卑。本质是敬畏规律，知道人和社会都有新陈代谢，也有高低起伏，还有时来运去。在家里和社会上，尊重长辈和爱护孩子，在事业里这么做也会有帮助。

创业无先后，达者为师也。我是70后，刚做餐饮的时候，跟着50后、60后学，70后当然也是同辈朋友，80后、90后出来了，尤其是互联网餐饮风潮起来的时候，我也很积极去互动和请教他们。00后、10后也要吃煲仔饭，那我得研究他们的心态想法和行为习惯。

行业巨头、有经验的人好比长辈，有其成功的原因和道理，虽然未必到现在还奏效，但了解他们的经历对自己成长是非常有帮助的。行业新贵、初生牛犊的新人好比孩子，他们不仅有冲劲，也有更贴近当下市场和将来发展趋势的积极尝试。

努力做事，核心是通过实实在在的行动把自己的价值建立起来，没有努力做事，就没有产生收入和创造价值的经济基础，爱自己、爱对方、爱长幼都是空中楼阁。

俗话说："开门七件事，柴米油盐酱醋茶。"全都是开销。俗话也说："贫贱夫妻百事哀。"日子过得差的家庭通常都缺钱，实打实的经济价值是托举家庭的必需品。对看似认知很到位但就是赚不到钱的人，社会上有一种带着嘲讽的说法——高认知穷人。这些人说话头头是道，听上去思想深刻又厉害，但他们所说所想并非来自实践，只是纸上谈兵而已，到头来也没赚到多少钱。

人在岸上是始终学不会游泳的。不经过做事这一关，不可能成为真正的高手。不做事赚钱是不行的，赚了钱没有爱也不行。努力做事在行动上能给家人一种力量感，也能够在结果上给家庭产生经济价值。谁都喜欢和积极踏实、有爱、有结果的人在一起。

谁都喜欢和
积极踏实、
有爱、
有结果
的人在一起。

第3节

成大事者，重义不轻利

正如王阳明提倡的知行合一，人的认知和事业也是相互影响、相互促进的，事业成人和人成事业是相辅相成的。

事业成人，指事业是打磨和锻炼人的重要方式，从这个角度应该把目标设在自己能力圈边缘往外一点的地方，这样可以让自己每次都得拼一拼、跳一跳，才能够得着目标，这样的过程可以让能力逐渐增强。

人成事业，指合适的人在一起能把事情做成做好，从这个角度应该找价值观一致、认知和能力可以不断增长的人，而不要只看重工作能力。价值观不同的人会给人文环境带来负面影响，最终让企业得不偿失。

天下熙熙，皆为利来；天下攘攘，皆为利往。人与人的关系离不开利益这个关键词，干事业不可能不谈利益，如何看待和处理利益就成为了对环境的选择、建立和维护的核心。

在这方面，一直存在很多争论，到底是“先义后利”，还是“先利后义”，义利之间又应该怎么平衡。针对这些问题，在东方和西方、儒家和商人都有各自的观点和选择。

义是崇高的精神境界、美好的品质德行，利是个人、群体的利益，包括安全、生存、物质、感受等方面。两者都是人在社会生活中需要考虑的，这也决定了两者如果是非黑即白、取此舍彼的关系，人生的选择、生活的感受就容易走极端。

中国古代先贤尤其儒家一派认为，做人应该“先义后利”“重义轻利”。例如，孔子说过“君子义以为上。”；孟子说过“舍生取义。”“何必言利。”。随着后世很多朝代的统治者都尊崇儒家思想进行治国理政，先义后利的价值观就成为中华民族传统观念的一部分。如何客观全面、实事求是地进行分析，尤其反思其中不合理的部分，则是现代中国人需要做的功课。

理解儒家思想为何提出“先义后利”的观点，就要知道其产生的历史原因和社会背景。在东周后期，礼崩乐坏，人文礼教的规章制度遭到极大的破坏，私有制的快速发展让人们唯利是图，不断发起战争以争夺利益，导致民不聊生。

以孔孟为代表的儒家思想家认为人应该重视美德，尤其对君王这样的统治者来说，不能横征暴敛，贪欲无度。孟子更是认为，个体为了义可以抛弃生命，他采用“取”和“舍”这对反义词，把两者放到了非黑即白、非此即彼的对抗关系上。法家和墨家则把义利两者的关系，从对抗调整到新的平衡点上。例如，荀子认为“以义制利”，墨子和商鞅认为“以利求义”。但总体来说，中国古代社会的传统观念就是“重义轻利”。

从儒家思想的角度看，“重义轻利”应该是帝王将相这些顶层施政者实现“内圣外王”的理想目标之一，期待他们内心拥有圣人般的高尚品德，向外施以王者之政。在这种诉求下，义必然重于利。

这个价值观通过教育体制和知识分子传播到社会各个角落后，造成了一些意想不到的影响。在这样的观念下，谈利的人仿佛就是不道德的人，但如果自身利益一点儿都不顾及，人的生存会很扭曲，没法把生活过好，还会导致一些人披着重义的外衣，而实质在做逐利的事情。

“重义轻利”也制约了商业发展，社会各界一度对商人这个群体产生了很大的歧视，从士农工商的排序就能看出，商人的社会地位被排在末位。这样的观念还会形成一种畸形的舆论环境，一直到现代都有影响。例如，每次有天灾发生，总有一些人会关注某些企业或企业家是否有捐款，如果没捐或被认为捐得少，他们就横加指责，对别人进行道德绑架。

与上述不同的，随着资本主义在西方的诞生和发展，西方人更早也更彻底地走上“先利后义”的道路。他们从哲学、法律、政治和经济角度都体现并维护了这个观点。英国经济学家、哲学家亚当・斯密（Adam Smith）认为人的本性是利己的，在其著作《国富论》里提出：“追求个人利益是人们从事经济活动的唯一动力。”

人在实现利益的过程中必须与其他人进行价值交换，也就需要考虑其他人的利益，否则难以实现，也难以长久。资本主义凭借着这套理论和制度，激励了无数个体和企业积极地从事经济活动，为其社会文明带来了高速发展和富强繁荣。

先利后义，极大地促进了经济繁荣，至于后续是否能由利转义，是否能利义兼顾，西方人在不断探索的过程中也遇到了很多问题。例如，固有利益所得者并不愿意轻易割舍或让渡利益，反而可能想方设法谋求更多利益，难免跟利益受损者爆发冲突，程度严重就会导致社会动荡。

创业者在事业环境中必然也必须面对义利问题，针对企业各个发展阶段所产生的义利冲突问题进行解决，平衡其中的义利关系。

在我的观念里，更愿意对别人奉行利在义先，也就是先谈利后谈义。因为不管员工在企业工作，还是企业与企业的合作，都是建立在价值交换的基础上。毕竟，商业关系就是建立在利益之上的，如果总是先谈义后谈利，或者谈利益的时候躲躲闪闪，分配利益的机制不合理，商业合作是没有办法长久进行下去的。

值得一提的是，谈利不是骗利，通过欺骗或有损对方利益的方式进行合作，一定是不长久的。

不妨以“煲仔皇”如何看待加盟模式的例子来说明。首先，连锁店通常有直营和加盟两种发展模式。一般来说，前者速度比较慢，因为基本靠自有资金来发展。后者速度比较快，因为各个地区、各个层级的加盟商会投入资金，众人拾柴火焰高，而总部主要提供成熟的品牌形象、门店模型、管理系统和资源物料，并且收取一定的管理费和营收提成。

“煲仔皇”在很长时间里基本是走直营路线，加盟模式是从少数省份开始尝试，从来没有用过快招公司这种极具争议的手段。所谓快招公司，就是在短时间内通过宣传包装，打造出一款看上去很火爆的品牌，然后快速大规模招商，获取加盟费等巨大利益，但后期服务支持则几乎没有，很多刚入门的创业者为此损失大量的资金和精力。

快招公司的宣传重点一般是快速、轻松地赚钱致富，直击人性的弱点，外行人很容易上当，但内部员工是没法欺骗的。

“煲仔皇”在创立的时候，第一个办公室才十几个平方，挤进去了 11 个人，中间全是桌子，周围放一圈椅子，这地方还是一个地下室，采光和通风都很差。后来，搬了好几次，从地下室搬到另一个更大的地下室，然后再搬到地上和二楼。一路走来，环境还是挺艰苦的。

“煲仔皇”核心团队的很多人都是在公司创建头几年就加入了，一直工作到现在。我问过这些老员工：“在这么艰苦的环境待了那么久，为什么没有离开公司？”

他们表示，公司在过去没挣什么大钱，有些时候的确犯傻犯错，但他们知道，公司一直在努力提供好的产品，原料选得不差，成本也不便宜，总在改进管理和工艺，没有存心坑骗顾客和加盟商。作为员工，安全感不仅来自一份合理的收入，还因为看到公司的价值观是正的，发展模式也健康，只要根基不出问题，花些时间耐心做，成绩总能做出来的。

能得到这个反馈，说明我们选的路还是对的，当时是很艰苦，不怎么赚钱，所以，我就拼命融资，给大家有一份收入保障。没有这份利，谁也不可能免费干活干那么多年；有了这份利，我也才好谈义，义就是大家能够和我一起去实现理想——把“煲仔皇”打造成世界级的餐饮企业。

第4节 对外顺应人性，对内克己复礼

义也好，利也罢，背后都是人性。人性是这个社会运行的基本原则，人要生存得考虑自己的利益，要生存得好还得考虑别人的利益，不然，就涸泽而渔了。创业，首先要了解人性，其次要尊重人性。我跟任何人合作，都喜欢创造性地构建合作协议，背后的指导思想是“推己及人，反求诸己”。

“推己及人，反求诸己”源于孟子所提倡的“行有不得，反求诸己”，意思是，如果做事情总是不成功，未必是大环境的问题，未必是别人导致的问题，反而应该去反省自己的不足，寻找自己的缺点。当自己能照顾到别人的需求和感受，设身处地地考虑别人的利益，才能构建对彼此利益都有关照的合作关系和人文环境。

之所以选择这么做，因为我很清楚当自己想要任何一个有价值的东西，都不会是零成本，也不会是别人理所应当给予支持的。合作关系是很微妙的，如果对方零收益或者负收益，对方是不乐意的，而如果自己零收益或负收益，自己也是不乐意的。

换而言之，如果把合作看作并设计为零和博弈，这样的关系和环境往往是不健康的，只有当双方都觉得自己的收益大于风险，合作才能顺利进行。例如，在管理上某些具体方式方法可以稍微

逆人性，设置需要跳一跳才能完成的目标，又或者设置保障企业利益的惩罚性措施，但达到目标后得让别人拿到不错的回报，才会有一起做事的动力，所以对外合作的底层逻辑应该是顺人性的。

我对外是顺应人性的，但对内对自己，我就得克制人性。通常自己想要的好东西，也是别人想要的。如果完全不克制自己，什么好处都占了，别人就再也不会和你合作了。

例如，大家都参与创业，大股东既要考虑小股东的回报，也要考虑投资人的回报，还要考虑管理层、老员工、骨干们的回报。如果这些人的利益被照顾到了，努力投入把企业做好，大股东的利益一定也会更好。如果这些人的利益没被照顾到，大股东哪怕先拿到了一些利益，企业到最后还是会出问题，依然连带损害大股东的利益。

对己克制人性，就是克己复礼，它最早源于《论语》，指克制自己的私欲，使言行举止合乎礼节。私欲的毛病有很多，不仅指希望自己的利益最大化，还有自大和傲慢，都值得创业者反省和克制。

在“一品三笑”阶段，我觉得自己是全公司最厉害的人，看到谁都能发现错误和指出问题：“怎么那么简单的事情，你们都搞不明白，给了那么长时间也做不好，是能力不够，还是不用心？”久而久之，一些人被打击得失去了积极性，一些人觉得没被尊重就离开了。

后来，我意识到自己内心非常膨胀，在我的创业理想里有一个关键词是“尊敬”，折射出自己希望得到别人的认可和赞美，内心有点骄傲和自恋。我回想自己从小就喜欢博弈，我喜欢玩的运动都是两人互相竞争的类型，例如台球、网球、乒乓球、羽毛球，但篮球、足球、排球这种以团队为单位互相竞争的运动就不是我喜欢的。我

通常自己想要的好东西，
也是别人想要的。
如果完全不克制自己，
什么好处都占了，
别人就再也不会和你合作了。

后来想明白了，我是想通过一对一博弈的胜利，来证明自己比别人厉害，来获得满足感。

上司对下属的表现不满，其实也很正常，如果什么都满意就没有进步了。但我当初表达不满的方式是有问题的。我根本没有耐心去启发下属，也不是真心去帮助他们成长，是用有点儿显摆的方式，居高临下去批评，这样让他们很有挫败感。

这个问题还挺严重的，我甚至把自己的决策失误转嫁到了下属的头上，俗称“甩锅”。在自己的角度看来，因为出错的责任让下属背了，那自己当然可以站在制高点上，指出他们的缺点和失误，获得了自己给自己制造的优越感，但并没有获得下属的真心尊重。

因为自视甚高，我过去很少赞美别人，赞美下属是极少的，除非是水平比自己高几个级别的人。我对此反思了很多：自视高的背后是不自信，如果足够自信，根本不需要靠自以为是的想象、外界给予的认可来构建自信。这种靠指出别人缺点来营造的自信也不能让自己走得很远，相反每次逞一时之快之后，问题并没有真正解决，而是陷入恶性循环——越指责别人，越得不到支持；越得不到支持，越要指责别人。

王阳明在被贬到贵州龙场担任驿丞的时候，认识到“圣人之道，吾性自足”。大致意思是：人在成为圣人的过程中，更应该向自己的内心寻找力量，每一个人的内心原本就具有解决一切问题的思路。也就是说，圣人求理的途径是“内心自省”。

阳明心学是中国思想文化史上的重要学说之一，不是狭隘的唯心学说，而是强调道法自然、主张天人合一、重视主观能动性的一门哲学思想，通过心即理、致良知、知行合一等核心概念，帮助人们更客观、更妥善地处理人生最重要的一系列问题。阳明心学是我在学习和成长中非常重要的认知组成，对生活和事业的帮助很大。

无独有偶，佛教六祖慧能也有一句类似的话，叫“何其自性，本自具足”。意思是，每个人与生俱来就什么能力都有，什么也不缺，自然也就无需一味从外界寻求满足。

通过反思在“一品三笑”的管理挫折，我明白了一个道理，领导者再强大也不可能解决所有问题，企业的有效产出是因为员工们发挥了各自的优点和特长，而不是在压抑的状态下机械地执行领导者的策略。

事实上，人和人就是不同的，背景不同、经历不同、视角不同、职责不同，于是导致工作上的各种差异。别人的表现肯定跟自己的期望是不一样的，反过来，我也发现自己有很多不擅长的地方。例如有人比自己耐心和细心，有人比自己更有设计感和创意，有人比自己更懂得风险管理，那就应该把相应的事情交给他们去做，自己做好自己最擅长的事情就可以了。

平庸的公司盯人所短，优秀的公司用人所长。平庸的领导者总是把时间花在怎么克服每个人的弱点，优秀的领导者总是想如何人尽其才、物尽其用。三国时期著名政治家司马懿也曾说：“看人之短，天下无一可交之人；看人之长，世间一切尽是吾师。”

一个好的事业环境应该让大家在各自合适的位置上，最大化地发挥自己的长处，成为别人认可且乐意合作的专家；然后，领导者从制度规则的角度把大家的利益都关照到，当对人对事都有合理合适的评估考核体系，环境的运转就非常和谐。

有一个关于职场的笑话是这么说的：一家公司来了一只怪兽，

先把老板吃了，过了一个星期都没人发现，后来把清洁工吃了，没过几小时就被发现了。那么，这是一家好的公司，还是一家差的公司？

从积极的角度看，这可能是一家好公司，有点儿像老子在《道德经》里讲的“无为而治”。如果员工什么事情都得等上级发号施令，工作效率会很低，如果员工一天到晚要跟上级开会，自己干活的时间就没多少，久而久之，人浮于事，公司发展会出问题。

管理大师彼得·德鲁克（Peter Drucker）表示自己以前不知道怎么评估一家好公司，他后来发现，一家公司如果平静无波，多半是管理已经上了轨道，而一家公司如果老是做事惊心动魄，大家情绪跌宕起伏，多半是管理不善。

创业者和管理者可以有激动人心的理想，但并不一定要追求什么激动人心的事件，优秀的公司总是简单平顺到近乎单调，因为凡是可能发生的危机都早已预见，或已建立了解决方案，剩下的只是把思考变成行动。

除了对接资本、业务创新之外，我在公司做的最多事情就是定制度，大小制度拍板的时候都在场，也亲自参与绩效考核，通过对数据、策略、目标、制度的管控，确保员工有健康且积极的工作环境。当员工认为目标不合理不公平的时候，我也允许对方来找自己讨论，而不是像以前那样先入为主地排斥。

创业者如果想让事业环境达到和谐顺畅，对自己要先义后利，对员工要先利后义，只有把内外顺序梳理清楚，才能在评估、选择、调配和奖惩的过程中，激发人的善意，环境里的善意多了，自然就会激发大家的义。

俗话说，善有善报。我觉得很对。我一路创业遇到了很多贵人，不管是做餐饮的，还是搞投资的，又或者其他行业的，都不少。我之前以为是机缘巧合，后来发现没有一个机会是天上掉馅饼，都是有来由的，要么有人帮我说了好话，要么有人推荐了我，其实都是因为我对别人一直不差。

尤其在投资界，每一笔投资确认之前，都要对创始人的过去和现在做严格细致的背景调查，涉及性格品德、做事风格、财务数据等方面，来源覆盖以前和现在的同事、投资人、合作方，数量多到创始人根本做不到每个人都打招呼，只能靠平时做好自己和积累口碑。

很多人也知道要与人为善，但没得到善报，好人没好报的事情也不少。初心一定要向善，但做事得分情况，没有实力的善良是一文不值的，一味善良很容易姑息养奸，纵容一群人吃大锅饭。

环境里的善意不能完全抑制坏事的发生，企业也不可避免地会遇到不合适的人。佛家有云："不显金刚之怒，不见菩萨慈悲。"意思是，如果菩萨一味慈悲隐忍，不惩罚恶人，让恶人肆无忌惮地败坏正法，这时候，连菩萨都成了纵容恶人的恶魔。让正义得到伸张，让善意得到表扬，让不合适的人尽快离开，才是一个健康的环境。

王阳明在江西剿灭山贼的时候，曾说："譬如一父母同生十子，八人为善，二人背逆，要害八人；父母之心须除去二人，然后八人得以安生；均之为子，父母之心何故必欲偏杀二子，不得已也。"父母对待孩子的疼爱之情都是一样的，十个孩子里有八个很善良，另外两个叛逆之子做了山贼，要伤害其他人，父母唯有除掉这两个恶人，才能保存善良的人。发生这样的事情真的情非得已，但一味纵容，可能会让大家都遭殃。

如果善良没有规则约束和惩罚措施，就是有缺陷的善良。每当遇到价值观不端正、言行不一、拉帮结派分地盘、搞办公室政治的人，我都会尽快地处理，快速送走恶人和小人，该付的赔偿金可以一分不少，不主动与对方纠缠，把更多的时间和精力放到剩下的好人身上。

我从不删除离职员工的联系方式。当对方逢年过节发来问候，当他们看到公司发展越来越好，门店越开越多，前来恭喜的时候，我都会回复和感谢。菩萨慈悲是对人，金刚怒目是对事。如果金刚怒目是对人，一旦结下仇怨就很难解开，只有对事才不会一味迁怒于人，也让对方有机会反思和改变，至少也不让关系打死结。

善意的环境不代表可以搞平均主义，尤其在企业里不能吃大锅饭，既不能让表现优秀的人吃亏多干活，也不能让表现不佳的人偷懒占便宜。

管理者要了解人性，也要管理人性。很多时候，人不是怕自己什么都没有，而是怕一比较之后发现自己不如别人，尤其怕身边的人拥有的比自己多。这就是孔子所说的“不患寡而患不均，不患贫而患不安”。

例如，同时进入公司、一开始级别差不多的两个人，有一个人上升得快，另一个人上升得慢，慢的人未必反思自己有什么地方做得不够好，可能会去想别人是不是爱讨好领导，是不是有捷径没分享，是不是抢了自己的机会。

人性有这样的想法很正常，因为人的大脑总希望多节能少启动，也追求自身安全感，把发展慢的责任归于外因，能让自己感觉更好受一些。既然这是人性，就意味着企业里很多人都有这样的想法或潜意识，自己好不好不是特别重要，更在意的是自己不能比别人差很多。

管理者遇到这种情况就会有一定的思想压力，于是不自觉地“和稀泥”，搞平均主义，以为这样就能换来环境太平。管理非常忌讳“和稀泥”，一旦遇到有管理者或部门搞平均主义，就应该要求改正过来。根据能力和贡献决定挣钱多少是企业里最基本的环境制度，忽视这两者而靠人为调整让大家拿差不多的钱，这不是公平，而是平均。

真正的公平是机会公平，尽可能让大家都有发展的机会，当然机会还是有些差异的，或早或晚，或大或小，但只要企业给了机会，能不能抓住机会就看各人自己的意愿、能力和方法了。

通过建立合理公平的制度和充满活力的环境，让有想法、有能力的人多挣钱，树立这样的例子后，就能打破平均主义，那些跟不上的人在企业里就更为明显，被动淘汰或自己离开是好事，也是对环境的一种改善。

第5节 与高手为朋，择贤者为师

《三字经》教会我们“昔孟母，择邻处”，其实，人最能够选择、可选择余地最大的是自己身边的朋友。我们无法主动选择自己的父母和亲戚，包括幼年时候的同学和老师，但在成年之后，我们可以主动选择自己身边的朋友、比自己优秀的前辈及老师。

这时候就不要再埋怨父母在原生家庭阶段给自己做的那些选择，不管好还是不好，过去的都已经过去了。虽然从我们的角度看，过去可能不完美，但我们应该相信和感恩父母，他们已经尽力做到了他们可以做到的，之后的人生环境如何，我们完全有能力来做好选择和决定。

创业者需要优质的人文环境，尤其是同侪环境。“同侪”最早出自《左传》，意思是辈分相同的人，逐渐引申到与自己在年龄、地位、兴趣等方面相近的平辈。在现代社会，同侪有着更深刻而丰富的含义，超越了年龄差异，只要是有相同身份、共同价值观、志趣相投的人都可以成为同侪。在寻找和构建同侪环境的时候，创业者需要清楚自己的需求，也要直面自己的人性弱点。

首先，创业者更需要启发式学习。基本知识都是可以学习的，随着人工智能日趋发达，很多知识甚至都不用记忆，可以通过智能设备直接调用，而很多重要的问题并没有标准答案，这些答案不能够直接求得，但可以通过启发而摸索到更好的。

其次，同侪环境既需要安全感，也需要开放性。成长的最大障碍不是能力限制，而是心态保守、观念固化、不够开放，过于自大和自卑都不利于成长，但自大和自卑又是人性对自己的本能保护，如果没有很好的安全感作为基础，成长的质量就很难提高。

最后，同侪环境可以与商业价值关联，也应该与人生价值关联。创业的重要目标是实现商业价值，创业者的圈子多半跟商业、赚钱有关系，但如果同侪环境只围绕如何让商业变得更成功而构建，对创业者的帮助就产生局限。

创业者的人生并不只有商业这一部分，成长也不仅仅以金钱来衡量。在本书开头，我提及自己和彭嘉荣都是企业家组织的会员，这就是由创业者组成的、非常优质的同侪环境之一。其实，不管是否进入 EO 或类似的组织，创业者都可以在自己的事业和生活中，通过以下几个方式，构建或大或小的同侪环境，以此促进自己的成长。

第一，筛选价值观与自己相符的群体，找到跟得上时代发展的学习方式。

价值观决定了一个人的行为动机和评判标准，是一个人在人生中遇到各种冲突矛盾如何进行处理和取舍的内心依据，这些冲突矛盾包括个体与群体、生存与死亡、身体与心灵、付出与索取、理想与现实等。

观察和评估一个人的价值观是要花时间的，同侪环境综合了很多人的价值观，判断起来更为复杂。对一个由人组成的组织和环境，判断其是否有与自己理想相符的群体价值观，最好的评估方法有两个，一是听取身边人对它的口碑评价，另一个是自己的亲身体验。

唐代诗人王昌龄曾说："路遥知马力，日久见人心。"对环境而言也是如此，路遥知虚实，日久见口碑。一两个人、一两次、一段时间的评价可能会有片面之词，而当人数、次数和时间都积累到一定程度之后，尤其是身边很多人的评价集中到一起后，判断就会更客观和准确。

在中国有很多企业家协会、商会联盟、行业组织、高校的商学院、民间的老板俱乐部，我也参与过其中一些，认识了很多优秀的人，与他们不仅有思想交流，也有资源交换和商业合作，获益良多。当我询问："有什么样的组织或环境，是你看到或参与过，愿意长期待下去的？"我从我的客户、朋友和合伙人得到了各种答案，其中被多次提到，于是这引发了我的好奇。

其中一位创业者的性格是非常谨慎和慢热的，对于社交圈子，他历来是看得多，进得少，而且他是一个极其重视时间效率的人，如果不能产生价值或者有长久的帮助，他是不会轻易加入一个组织并在里面花时间，但他几乎每个月都会花至少四个小时参加的小组会议，因为觉得这能给自己带来学习和成长，而且是全方位的，不仅有助事业精进，也能帮助到个人和家庭。

每个人的成长需求都不一样，有些人看重财富，有些人看重名声，有些人看重体验，有些人看重关系，但不管看重什么，认知成长都不会被落下。人不可能生而知之，每个人都要花很多的时间和力气让自己了解这个世界，不仅了解知识层面的，也要了解规律逻辑层面的。

中国人常说"富不过三代"，难点就在于富人的认知不能直接传承给后代，一旦后代的学习和成长跟不上时代，脑子里的无形财富不够用，手上的有形财富就会被消耗和损失掉。连有财富底子的人都遇到这样的难题，更别说那些在当下依然苦苦挣扎和寻求突破的普通人。

如何积累脑子里的无形财富是特别重要的。资源交换和商业关系也很重要，但假以时日，某个具体资源的价值可能会下降甚至消失，商业关系也会变化。创业者面对的难题往往没有标准答案。例如，去年开 50 家新店，明年到底要开多少，没有标准答案；支撑开 1000 家门店的信息技术团队应该怎么建设，也没有标准答案。一切非标的问题只能靠深度学习和实践成长来解决。

这也引出了一个很有意义的话题，就是哪些学习方式对创业者更有帮助。我们从小到大经常遇到的学习方式就是在课堂上的单向教学和设置好的标准问答，前者指老师教、我们学，后者指问题通常都有是非对错，都设有标准答案。

这是工业化时代产生的教育方式，细致的分工、标准的操作、是非的选择，都有利于工业机器的生产和管理，但这样的教育和学习越来越难匹配后工业化时代的社会发展，尤其是解决创业难题。

工业化时代让人类社会的物质水平上了一个很大的台阶，虽然贫穷依然存在，但人类的寿命、健康和物质环境都实现了飞跃，于是也有条件对自己的情绪、感受和精神需求进行更多新的思考和选择。

在过去的经济学研究里，对人和经济都是假设为理性的、线性的，这种假设的产生也在一定程度受到工业化时代的影响。现在的经济学研究则认为，人不可能从外界获得充分、完整的信息进行决策，而且决策也会受到个体或群体的喜好和情绪影响，所以结果就不再像之前设想的那么理性和线性，答案不再唯一、绝对和标准。

同侪型圈子和启发式学习，是高手进阶的最佳学习方式。

作为创业者，在别人看来，你是企业里的老板和领导者，但个中的起伏跌宕、挫折困难、酸甜苦辣，唯有自己知道，别人是很难体会的。

例如，就算家人能陪伴，但他们没有类似商业经历，难以提供参考。就算心理医生能咨询和梳理情绪，但他们不懂企业如何运作。就算合伙人、投资人有能力给支持，但我们可能顾虑利益关系的微妙变化，以及展现自己脆弱后的负面影响。在员工面前就更难得到共鸣，毕竟很多时候屁股决定脑袋，员工通过打工把经营风险转嫁给企业和老板，旨在获得相对稳定的收入，而老板在谋求更高回报的同时，必然得独自面对风险的挑战。

在 EO 的小组里，一般规模是 8 人，大家的身份都是企业家，而且很多还是企业的创始人或联合创始人。这决定了这个小群体里的每个人都懂企业经营和背后的酸甜苦辣，你说的这些事情，往往我也有类似的经历，我也懂你说的那些事情背后的思考和顾虑。

在互相信任的基础上，在经历、能力、情绪和思维的共鸣下，同侪们会分享自己类似的经验以及当时的解决思路。虽然天底下没有一模一样的两片叶子，别人的做法不能照抄，抄了也不见得有效，但往往能启发自己找到适合自身情况的方法。

退一步来说，看到别人也有这样那样的相似经历，而且都拨云见日地走过来了，这对自己的信心建设也是很好的帮助。

第二，信任与尊重，开放与多元。

信任和尊重是构建优质同侪环境非常重要的两点原则。之前提

同侪型圈子和
启发式学习，
是高手进阶的
最佳学习方式。

到在互相信任的基础上，彼此会有深入而高质量的启发式交流：信任意味着有安全感，每个人都更自愿、更坦诚、更深刻地把自己内心深处的想法说出来。充分尊重对方，互相启发而不好为人师，意味着认为每个人都有能力也有智慧，为自己做出合适的选择。

在优质的同侪环境里，构建信任和尊重的规则有很多，成员都努力去做到和维护，付出很多意味着投入了很多，所以收获也会更多。

以 EO 的小组为例，这是一个讲究保密和安全的环境，在这里可以展现真实的自我，可以与同侪展开真诚的对话。保密指大家要有事先的郑重承诺，只要当事人不明确提出，默认其分享内容不得对外公开，其他人必须严格保密，否则将有相应的惩罚，包括离开这个小组。在小组之外，你自己愿意的话，可以对别人讲自己的事情，也可以讲自己在小组里的感受，但依然不能透露小组成员的事情，除非得到对方的允许。

之所以要营造保密且安全的同侪环境，并不是小组里会讲什么见不得人的坏事，而是很多话题的确敏感而隐私。例如：在个人方面，情绪焦虑甚至引发抑郁怎么办？体检查出患有严重疾病怎么办？年纪大了要怎么考虑财富传承？在家庭方面，孩子叛逆不听管教怎么办？和伴侣之间有矛盾怎么办？长辈的养老和医疗怎么安排？在事业方面，企业濒临破产要做些什么？企业被收购或规划上市应该怎么做？力不从心之后是把企业交给职业经理人打理，还是交给二代接班……

这些话题都是大家很关心的，如果没有安全的环境，就不能开诚布公地说出来，一旦不能畅所欲言，自然也就很难得到有质量的反馈和启发。

其次，小组成员之间互相尊重，既尊重自己的体验，也尊重彼此的差异，平等地看待自己和别人。EO 小组建立和组员分配遵循多元化原则，在一个小组里也和大社会一样，存在年龄老少、创业先后、规模大小、社会地位高低等差异，还有性格上强势与弱势、表达上直接与间接等区别，这时候就必须讲究尊重，才能建立平等、开放与多元的同侪环境。

探讨尊重之前，不得不提到慕强。人类能够延续到现在，可能绝大部分人都有慕强这么一个基因。例如在原始人时代，大家都得跟着有方向感的、眼神好的、投掷能力强的、能打到猎物的人出去，才能吃到肉，才能活下来，跟错人可能很快就死了。

换而言之，慕强是一种生存技能，俗话叫“抱大腿”，现在称为“找拿到过结果的人”，本质都是靠近那些比自己优秀的人。

跟优秀的人在一起，只要肯学，成长速度会很快，肯定比自己像无头苍蝇到处乱撞要好很多，因为优秀的人掌握了达成结果的方法论。同时，优秀的人往往有很强的自驱力和使命感，外溢出来会给别人力量感。创业所面临的变化和挑战非常多，如果身边有一群优秀的人，自己内心会更有力量感。

但一味的慕强并不是好事，自己拿不定主意，把选择权交给外界，让自己认定的强人来做决定，容易让人失去自我，也会越来越没信心，到只能自己做决策的时候还是会回到原来的水平。另外，别人替自己分析和决定的时候，也会带入别人的观点和背景，不完全适合自己，有时候会适得其反。

例如，某个创业者经营餐厅，之前走特色路线，发展得不错，后来走到十字路口，思考要不要扩大规模、增加门店、采用加盟或合伙模式。而另一个创业者善于做产品，一直采用渠道代理模式，起步更早，企业营收更大。

如果站在后者背景经历和成功经验的基础上，当然会觉得用加盟模式是不错的选择，但从前者的自身情况出发，也可能更适合做一个门店数量不多但极具特色的餐饮事业，跟其性格、能力和团队特点也更匹配。有些时候，数量做大了，问题变多了，反而让幸福感下降，得不偿失。重要的决策归根到底还是只能靠自己。

尊重能让每个人都把关注的核心放在自己身上，尊重自己的体验，不居高临下地评判别人的是非对错，不好为人师，不随意给别人建议，尤其不替别人做决定，同时也不会因差异产生强烈的分别心，让自己过于自大或自卑，从而可以更加开放地聆听来自各行各业、各种各样的故事，获得意想不到的启发。

《国语·郑语》记载了西周末年太史史伯提出的一个观点："和实生物，同则不继。"意思是，万物都不相同，因而能不断丰富和发展，如果全都一样，则无法发展延续。《中庸》里也有类似的观点："和也者，天下之达道也。"意思指和谐是天下人人都普遍遵循的大道。

不管东方智慧还是西方文明，又或是现代科学，都认为万物创生于世界的基本元素之间的相互融合，这种融合并不是要把自己的特性磨灭掉，恰恰需要在保持自己特性的前提下，结合对方的优点，参与到更高水平的创造中，也让自己、别人和整个社会得以更兴盛的繁荣。

第三，保持好奇，勇往直前，渴望学习，终身成长。

常有人说，好奇和懒惰是人类文明得以不断发展的两个重要原因，因为好奇，人类探索未知世界，因为懒惰，人类创造发明工具。好奇的一大好处是不带负面情绪，纯粹以对自己、对世界的求知作为切入点，坦然地面对自己的脆弱和短板，通过对未知潜力的发掘、对埋在情绪和行为底下的深层认知的反思，构建成长型思维。

好奇并不是八卦打听，也不是窥探商业机密，好奇的正确对象应该是自己本身和世界的底层规律。把自己了解清楚、一眼看透事物本质的人肯定比自欺欺人、活一辈子都看不透规律的人过得好。

在EO的小组里，每月一度的会议上，大家会提出各自的“停车场问题”。之所以叫这个名字，因为创业者管理企业就像驾驶着一辆车，大部分时间都在赶路，也有人戏称创业是一边开车一边修车，但不管怎么开车，总有一些重要的事情需要创业者静下心来仔细思考的，于是就有了停车场问题。

根据规则要求，停车场问题不能是在互联网搜索应用上可以找到标准答案的，不是人工智能能解决的，也就是超出知识技能层面的求解，应该进入自己的内心，在重要但不紧急、常常有情绪困扰的这类问题上，真正地了解自己，聆听自己的声音。

例如，某一个成员的停车场问题是：“我失眠很久了，很困扰我，很影响我的工作和生活，到底是什么原因造成的？”如果从一般角度，家人或许会看看卧室有没有需要调整的地方，医生可能会建议吃一些褪黑素药物有助入眠，朋友也许会叫出来一起运动，尝尝美食，又或者旅行散心。

而小组里会采用教练（Coach）技术及模式，对停车场问题进行深挖，不会随意评判对错和给出建议，旨在通过共同发掘，帮助成员找到问题的真正根源，解决思路也会随之清晰。

越是重要的问题，越像海面上巨大的冰山，浮在海面上能被看到的只是很小的一部分，绝大部分都隐藏在海面以下。那些可以被马上看到的问题，既是我们本来就可以给别人看到的，也可能是我们“欺骗”自己看到的。

例如在上述失眠的例子里，这位成员可以描述自己失眠了多久，有哪些的身体表现，曾经尝试过什么方法去解决，但到底是什么事情和压力导致失眠？自己究竟在担心和焦虑什么？有没有一些事情难以启齿？当事人几乎都不会说，说了也很表面，因为其潜意识会把自己伪装得很强大，那别人就更难知道真正原因了。

美国心理学家乔·吕赫（Joe Lufthe）和哈里·因格姆（Harry Ingam）对人际沟通有很深入的研究，他们根据人际交流双方对传播内容的熟悉程度，把沟通信息划分为以下四个区域：

- 开放区，指自己和别人都了解的信息；
- 盲目区，指自己不了解而别人了解的信息；
- 隐藏区，指自己了解而别人不了解的信息；
- 未知区，指自己和别人都不了解的信息。

在开放区，信息都是公开且容易获得的，例如我们叫什么名字，做什么工作。

在盲目区，往往是我们性格上的弱点、缺点和坏习惯，例如我们以为自己很直率，但在别人看来是一种不礼貌。

在隐藏区，通常是我们某些没有对外人说的经历、做法、喜好和目的，隐藏区里的并不完全是不可告人的坏事。例如，我们为了塑造好身材，每天健身半小时，这未必会逢人都说。

在未知区，就是我们和别人都不知道的事情。例如，我们从来没有公开演讲过，别人也觉得我们未必有这个才能，但后来出于某种原因，竟然在上千人面前做了一次演讲，这个未知的自己让我们和别人都非常惊讶。

通过向外界询问和聆听，我们能扫除盲区，知道在别人眼中的自己都有哪些表现是跟自己认为的自己有所不同。通过主动披露和相互交流，我们能缩小隐藏区，减少别人对我们的防范感和不信任感。对于未知区，就需要我们充分打开，和别人一起发掘探索，而教练技术的运用是其中的成败关键。

担任教练角色的人会保持着好奇心，根据对方停车场问题进行提问，然后复述自己所听到的、所理解的内容，帮助对方进行确认，而提出停车场问题的当事人则需要坦诚地、开放地、好奇地思考和回答。

好奇心之所以重要，是因为有些时候我们会对别人的提问有一丝被冒犯的感觉，或者觉得不耐烦："怎么那么简单的问题还要来问我？这种问题也问，你是不是不了解我，到底相不相信我？"而好奇能让双方都回到孩童时代，抱着对诸多事物的探索心态进行一问一答，就不容易引起负面情绪。

当事人提出停车场问题通常因为两种情况：一种是有一个很重大、有意义、悬而未决的问题或机会需要处理；另一种是有一个重大而又脆弱的问题需要分析。

教练需要带着好奇心提问，尤其针对当事人含糊其词的点、富有情绪波动的点，促进当事人揭开隐藏在话题之下的情绪问题，挖掘内心挣扎的更深层面。教练还要带有同理心地复述，协助当事人找准情绪感受和展开思路，然后，通过提问来启发当事人去想象对自己有帮助的场景和方法。期间，一定要保持耐心，教练要相信当事人完全有能力从内心找到答案。

这样的深层次交流不仅对当事人有很大的帮助，也对教练本人有提高。

首先，可以锻炼内心的平静。

教练只有在不被当事人的故事牵制住的时候，才有办法协助他们把注意力从“表面的故事”转换到“内在的挣扎”。如果教练自己脑子里一直有想法、结论、评判和解决方案，可能很快就总结出自己可以提供的“最佳答案”给当事人，但这未必是真正适合对方的最佳答案。这种“授人以鱼”的结果也不是教练所应该追求的，解决问题的责任要交回给当事人，教练需要时刻提醒自己，是来帮助当事人清理思绪里的拼图碎片的。

其次，可以锻炼深度回想、耐心倾听、简洁复述和深度链接。

我们的大脑里有一个分秒都不能停歇的“自动驾驶系统”，以便处理各种各样的突发情况，而回想和聆听是放松大脑的最有效方法之一。因为在这个时候，大脑是有任务去执行的，这就降低了我们直接冲向解决问题这条道路的概率。另外，简单地复述自己所听到的，向当事人表现自己所理解到的，如果误解了什么内容，当事人可以及时纠正，直到两人确认理解一致为止。

这种深度链接在当今浮躁的社会环境中已经越来越少，优质的同侪环境正需要建立这样的深度链接，我们才不会觉得孤独。如果锻炼得当，每个人甚至可以和自己进行这样的对话，也是很有好处的。

斯坦福大学心理学教授卡罗尔·德韦克（Carol S. Dweck）在其著作《终身成长》和相关研究中提出成长型思维对人生突破具有决定性意义，与之相反的是固定型思维，将大大限制人们的发展。

成长型思维就是相信人的能力可以通过合适的方法和不懈的努力得到不断提升，从而获得改造外部环境的更大力量。固定型思维就是相信眼前的状态或趋势已经是全部了，或者认为对自己有利的事情已经稳妥了、不变了，只需要努力改变那些不利的。

乍听下来，所有人都会觉得自己拥有成长型思维，因为谁都希望自己过得越来越好，自然也愿意不断努力寻找方法。但这是错觉，很多人其实只是想得到最终的结果，在过程中其实并没有提升，也就没有真正拥有成长型思维。

例如，很多人有着根深蒂固的经验主义论，当一个人常说“你说的这事很简单，我知道，你应该……去做”，这样的口头禅反映出其思维模式是比较固定的。如果一直这样，很容易忽略接收新的信息，也不会愿意去想，还有没有更好的思路和方法。

又例如，线性推论就是固定型思维的一大特征，我们从小可能就被教育：认真读书就会有好成绩，有好成绩就能考进好大学，从好大学毕业就有好工作，好工作就会带来好收入，一路这么规划，肯定能过上好日子。

但是，创业之所以要交很多学费，之所以被称为九死一生，就是因为每一步都可能有很多变数，很难用线性推论来规划发展。

例如，很多人认为开一家餐厅并不复杂，无非是请一个有配方的大厨、一个有经验的店长，选一个好的地段和铺位，品牌和装修要有些辨识度，用客单价乘以流量转化就是每天的营业收入，算一下毛利率，大概 12 个月就能收回投资成本。

线性推论的最大缺点就是刚性化、理想化，万一大厨和店长不合拍，店铺租金比预期高，消防和卫生监管迟迟没批复下来，客流量比预期低，采购成本和制作损耗率居高不下，突然发生了客人吃坏拉肚子的投诉，有这么多变化出现，别说 12 个月，可能 24 个月都回不了本。

俗话说："花无百日红。"即使已经成为行业龙头老大的企业，位置也不见得一直安稳，除了要保持自己内部的稳定发展，还要防范紧随其后的竞争者追赶上来，那些用新模式切入市场的新玩家也可能带来颠覆，又或者其他行业快速发展导致本行业的市场变小。一切变化皆有可能。

被称为"中国火锅第一股"的"小肥羊"曾经以 3 天开一家新店的速度快速扩张，在最高峰时一度拥有 700 多家门店，但随着内部管理不善、消费者需求变化、市场竞争加剧等一系列变化，被百胜集团并购，完成私有化并退市，至今已经泯然大众视野。

消费者既需要稳定的用餐品质，又期待新的多元化体验，所以市场上既有涮羊肉的北派火锅、麻辣的川渝火锅、融合的新派火锅，又有讲究服务的"海底捞"、主打小火锅的"呷哺呷哺"、把火锅和茶饮结合的"凑凑"。各种各样的模式、风格和竞争者每天都在市场里碰撞，这注定了持有固定型思维的创业者和企业很难走得远。

成长型思维的人会承认天赋的作用，但更看重通过后天的学习，来实现持续的成长。固定型思维的人也会努力做事，但只是把后天的努力看作证明自己拥有天赋的过程。两者之间存在本质差异，其中差别最大的一点是对挑战和失败的看法。

固定性思维的人觉得失败是对天赋的一种否定，是不能接受的，一旦发生，意味着自己不够优秀。成长型思维的人觉得失败跟天赋没什么关系，只不过是成功前的一次尝试，之所以去尝试是因为好奇，敢于尝试就意味着离成功更近了。

创业应该提倡拥抱失败，不仅接受失败，还要庆祝失败，如同庆祝成功一样。拥抱失败的本质就是拥抱变化，在优秀的同侪环境里，失败并不会被认为是一件多么难以启齿的糗事，反而是家常便饭，天天都要遇到的，大家之所以走上创业这条路，就是来面对失败的。

不妨回顾自己上个月在个人、家庭和事业三方面发生了哪些重要的变化，以及这些变化给自己带来的感触和思考，可以记录一些成功的事情，更重要的是记录一些失败和挫折，以及它们带给自己什么启发，接下来会怎么调整。

2023 年 4 月 20 日，美国太空探索技术公司（即 SpaceX）尝试第一次发射星舰（Starship）。作为一种可重复使用的太空运输工具，星舰的目标是不断运送宇航员和货物到指定的地球轨道，甚至进一步把人类送往月球、火星和更远的太空，而这次尝试的目标是成功绕地球一圈，然后返回地球。遗憾的是，起飞大约 4 分钟后，星舰在助推器和飞船剥离时遭遇了意外故障，造价高达 30 亿美元的这艘重型运载火箭在空中爆炸，很多人扼腕叹息。

SpaceX 创始人埃隆 · 马斯克（Elon Musk）却不认为这次发射任务是完全的失败，表示学到了很多，为几个月后的再次发射提供了很多经验，甚至在社交媒体上发文称：恭喜 SpaceX 团队！

SpaceX 前华裔高管、猎鹰 9 号首席制造工程师路易斯 · 洪

（Lewis Hong）也表示：星舰只要不在发射台上爆炸，都算成功，这是我们团队内部经常开玩笑说的话。

用庆祝的态度来对待失败，用务实的改进来珍惜失败。据马斯克透露，SpaceX 仔细分析了星舰首飞失败的原因，并制定了极具针对性的改进计划，大大小小的修改进行了 1000 多次。

时隔 7 个月，SpaceX 再次向太空发起挑战，数百万网友在线围观。星舰按照计划成功点燃 33 个猛禽发动机，伴随巨大的火焰和轰鸣声冲向苍穹。2 分 54 秒时，火箭一级和二级开始分离。3 分 22 秒，一级发动机在分离后发生爆炸，星舰仍在正常上升。此时取得的成果已经超过了首飞，不仅坚持的时间更长了，还顺利完成了首飞没有做到的一、二级分离，于是引来直播间一阵欢呼。

没过多久，星舰信号丢失，几分钟后确认在空中自毁。事后，SpaceX 非常乐观地表示，第二次试飞有助于提高星舰的可靠性，离"让人类成为跨星球生命体"的企业目标又近了一步。马斯克也迅速转发了这条消息，向团队表示祝贺。

2024 年 3 月 14 日，星舰进行第三次试射，在升空约一个小时后，同时失去了两项关键的通信信号，这意味着星舰可能在大气层阶段已经解体。马斯克发文祝贺团队更进一步，并称"星舰已达到环绕速度"。

路易斯·洪表示，在 SpaceX 的内部有一条准则，只要目标不违反科学、不违反物理学，就可以尝试去做。相比将来帮助人类移居火星、飞离太阳系、向宇宙深处航行，现在这些失败真的不算什么大事，无非就是一次次尝试、一次次学习、一次次成长，星舰爆炸产生的火焰反而被看作燃起更多希望的"烟花"。

环境对人的影响作用是缓慢的、隐形的、潜移默化的。在终身成长的环境下工作和生活，会给人们带来安全感、力量感和使命感，和成长型思维的同侪在一起，自己也会不断进步和提高。

《孔子家语·六本》里有这么一段话：与善人交，如入芝兰之室，久而不闻其香；与恶人交，如入鲍鱼之肆，久而不闻其臭。大致意思是，和品德好的人交往，就像进入充满兰花香气的屋子，时间一长，自己本身也熏陶了香气，于是就闻不到了；和素质低的人交往，就像进了卖鲍鱼的菜市场，时间一长，连自己都变臭，也不觉得鲍鱼是臭的了。

《菜根谭》里有句话："若言言悦耳，事事快心，便把此生埋在鸩毒中矣。"意思是，如果每句话都顺耳，每件事都称心，人这样过一辈子就像泡在毒液里。

人类是社会化的，跟谁在一起真的很重要。每个人生下来都是一张白纸，我们是什么样的人，我们会成为什么样的人，很大程度上由我们遇见谁来决定。遇见谁是存在不确定性的，但遇见后选择跟谁在一起，完全由自己决定。选择什么样的环境，扮演什么样的角色，也完全由自己决定。

我们朋友圈的平均水平，往往反映出我们自己的水平。换而言之，我们接触什么样的人，大概率就会变成什么样的人。有科学家认为，人是唯一能接受暗示的高等动物。我们身边人的性格、习惯、情绪都在潜移默化地影响和改变着我们。

当身边的人都勤奋好学、不断创新，我们身处其中也会不自觉变得积极努力。当身边的人都贪玩享乐，哪怕我们很想上进，意志也会变得不坚定，节奏也会变得缓慢。千万别高估自己的自律程度，也别低估外界环境的影响力。

在弱者面前显本事，是顺人性的，是满足虚荣心的。与高手为朋，择贤者为师，是有心理压力的。面对这样的选择题，到底该怎么做，很大程度上决定了每一个人的人生轨迹和最终结果。

人的一生是由无数个选择组成的。如果回顾我们走过的路就会发现，很多选择题是自己从来没有独立思考过的，大部分是被动选择，主动选择只是一小部分。我们很多事情都是被别人推着走，很多行为都是受别人牵制。其实，有很多事情我们可以不做选择，随波逐流也无所谓，但重要的事情一定要好好花时间、花功夫做好选择。

如果在环境和群体的裹挟中，能做出主动选择，就已经很厉害了。如果在主动选择的过程中，还能够冷静思考怎么选择，那就更厉害了。如果能在主动且冷静的选择中，去构建自己优质的圈子，去打造自己想要的环境，我们一定不会白来人世间一趟，这一生一定过得很有意思。

一段感谢

薛国巍

一锅煲仔饭，好做吗？

技术上不难——浸泡大米，锅壁刷油，大火煮沸，转小火焖，铺放食材，沿边淋油，放入青菜，大火催锅巴，均匀淋酱汁，拌匀开吃。

但为了所谓的快餐效率，我做成了一分钟出餐的砂锅盖浇饭，于是走了一段很长的弯路。好在迷途知返，我冒着风险改回了 20 多分钟的“慢餐”模型。这条弯路我足足走了 8 年。

一本创业书，好写吗？

技术上不难——从前到后，从小到大，从老到新，从框架到细节，从叙事到讲理，都可以娓娓道来。

但下定决心并且写好却不容易，既有脸皮薄的羞涩，也有工作出差繁忙和各种琐事羁绊，更有苦苦思考如何从自身经历总结提升到对社会的价值贡献，以及怎么从餐饮投射各行各业的创业维艰。

特别感谢彭嘉荣（Benny），他用丰富的写作编辑经验帮助了我，跟他的交流就像照一面特别清晰的镜子，总让我挖到更深的内容、更好的思路，也形成更到位的表达，让这本书如同经历了一锅煲仔饭从无到有、从生到熟的烹香过程。

为了感谢这位特约编辑，特意写下这一段感谢。